A lógica do marketing: como prosperar em um mercado competitivo

Joaquin Fernandez Presas
Patricia Piana Presas

intersaberes

Conselho editorial
Dr. Alexandre Coutinho Pagliarini
Dr.ª Elena Godoy
Dr. Neri dos Santos
M.ª Maria Lúcia Prado Sabatella

Editora-chefe
Lindsay Azambuja

Gerente editorial
Ariadne Nunes Wenger

Assistente editorial
Daniela Viroli Pereira Pinto

Preparação de originais
Natasha Suelen Ramos de Saboredo

Edição de texto
Caroline Rabelo Gomes
Letra & Língua Ltda. - ME

Capa
Charles L. da Silva (*design*)
tanzimGraphics/Shutterstock (imagens)

Projeto gráfico
Mayra Yoshizawa

Diagramação
Regiane Rosa

Designer responsável
Charles L. da Silva

Iconografia
Regina Claudia Cruz Prestes

Rua Clara Vendramin, 58 . Mossunguê
Cep 81200-170 . Curitiba . PR . Brasil
Fone: (41) 2106-4170
www.intersaberes.com
editora@intersaberes.com

Dados Internacionais de Catalogação na Publicação (CIP)
(Câmara Brasileira do Livro, SP, Brasil)

Presas, Joaquin Fernandez
 A lógica do marketing : como prosperar em um mercado competitivo / Joaquin Fernandez Presas, Patricia Piana Presas. Curitiba, PR : InterSaberes, 2025.

 Bibliografia.
 ISBN 978-85-227-1591-6

 1. Clientes – Contatos 2. Marketing 3. Marketing – Administração 4. Marketing – Planejamento 5. Marketing – Tomada de decisões 6. Vendas I. Presas, Patricia Piana. II. Título.

24-220767   CDD-658.8

Índices para catálogo sistemático:
1. Marketing : Administração   658.8

Cibele Maria Dias – Bibliotecária – CRB-8/9427

1ª edição, 2025.

Foi feito o depósito legal.

Informamos que é de inteira responsabilidade dos autores a emissão de conceitos.

Nenhuma parte desta publicação poderá ser reproduzida por qualquer meio ou forma sem a prévia autorização da Editora InterSaberes.

A violação dos direitos autorais é crime estabelecido na Lei n. 9.610/1998 e punido pelo art. 184 do Código Penal.

Sumário

Dedicatória - 7
Como aproveitar ao máximo este livro - 9
Prefácio - 13
Apresentação - 17

19

Capítulo 1 Escopo do marketing
1.1 Evolução histórica e escopo do marketing - 21
1.2 Necessidades, desejos e demandas - 28
1.3 Tópicos contemporâneos de marketing - 35
1.4 Tipos de clientes - 40
1.5 Ambiente de marketing - 42

57

Capítulo 2 Análise de mercado
2.1 Mercado-alvo - 59
2.2 Segmentação de mercado - 64
2.3 Posicionamento - 87
2.4 Serviços × produtos - 99
2.5 Perfil do consumidor - 102
2.6 Valor e satisfação - 108

119

Capítulo 3 Criação de valor para o cliente e o mercado
3.1 Composto de marketing - 122
3.2 Orientação para produto - 138
3.3 Orientação para produção - 139
3.4 Orientação para marketing e vendas - 141
3.5 Orientação para logística e distribuição - 142

149

Capítulo 4 Abordagens de mercado
4.1 Marcas - 151
4.2 Processo de entrega de valor - 158
4.3 Pesquisas - 160
4.4 Relacionamentos - 165
4.5 Sistemas de informação de marketing - 169

177

Capítulo 5 Conexão com os clientes
5.1 Sistemas de inteligência de marketing - 179
5.2 Sistemas de informação de vendas - 181
5.3 Tendências - 186
5.4 Valor percebido pelo cliente x satisfação total do cliente - 191
5.5 Maximização do valor vitalício do cliente - 197

205

Capítulo 6 Plano de marketing

6.1 Planejamento em marketing - 206

6.2 Adaptação para o mercado glocal - 211

6.3 *Environmental, Social and Corporate Governance* - 214

6.4 Indicadores de marketing - 218

6.5 Monitoramento - 227

Considerações finais - 233

Lista de siglas - 235

Referências - 237

Respostas - 241

Sobre os autores - 247

Dedicatória

Em primeiro lugar, dedico esse livro ao meu marido, Joaquin Fernandez Presas, parceiro tanto da vida pessoal quanto da profissional, com quem tive o prazer de escrever esta obra em conjunto.

Aos meus pais, Darci Piana e Maria José Piana *(in memoriam)*, pela inspiração, pelo apoio, pela dedicação e pelos ensinamentos, os quais me impulsionaram em minha carreira e na vida.

Ao meu irmão, Eduardo Luiz Piana *(in memoriam)*, que de onde estiver tenho a certeza de que ilumina meus caminhos.

Ao meu amigo Achiles Batista Ferreira Junior, pelo convite e por ter convencido o Prof. Elizeu Barroso Alves de que seríamos bons autores para esta obra.

Aos meus alunos, que sempre me inspiram para que eu entregue o melhor.

Patricia Piana Presas

Dedico este livro, acima de tudo, às mulheres da minha vida.

A primeira dedicatória sempre será à Patricia Piana Presas, minha amada. Muito mais que esposa, é minha amiga, parceira de vida e meu pilar.

À minha mãe, Graciela Inês Presas Areu, que me fez querer ser professor, fazer mestrado, doutorado e escrever livros. Se escrevi isso, é por você. Obrigado, mãe, você é especial!

Dedico especialmente à minha sogra querida e amada que, por infelicidades que a vida nos apresenta, adoeceu e acabou nos deixando no decorrer da redação deste livro. Maria José, ou Dona Otília, como meu sogro Darci Piana a chamava, você faz falta. Te amamos e nunca te esqueceremos. Descanse em paz e cuide de nós aí de cima.

À minha irmã, Guadalupe, que, apesar de ser a caçula e meio braba às vezes, é quem mantém as coisas da família andando.

Por fim, há dois agradecimentos que não posso deixar de fazer. O primeiro é ao meu amigo Achiles Batista Ferreira Junior, excelente professor de Marketing. Foi ele que nos convidou a escrever este livro e, sem ele, nem esta obra nem outras coisas legais de minha vida teriam acontecido. Obrigado, amigo. Também agradeço ao time da Pontodesign, minha agência, que é fenomenal e fantástico. Em especial aos meus dois *heads*, Mozart e Eduardo. Sem vocês, nunca teria realizado esses projetos. Obrigado, time!

Joaquin Fernandez Presas

Como aproveitar ao máximo este livro

Empregamos nesta obra recursos que visam enriquecer seu aprendizado, facilitar a compreensão dos conteúdos e tornar a leitura mais dinâmica. Conheça a seguir cada uma dessas ferramentas e saiba como elas estão distribuídas no decorrer deste livro para bem aproveitá-las.

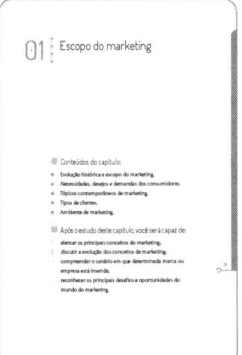

Conteúdos do capítulo
Logo na abertura do capítulo, relacionamos os conteúdos que nele serão abordados.

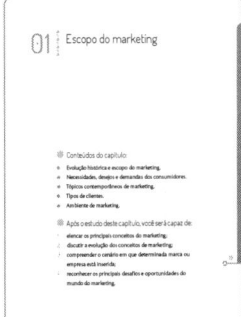

Após o estudo deste capítulo, você será capaz de:
Antes de iniciarmos nossa abordagem, listamos as habilidades trabalhadas no capítulo e os conhecimentos que você assimilará no decorrer do texto.

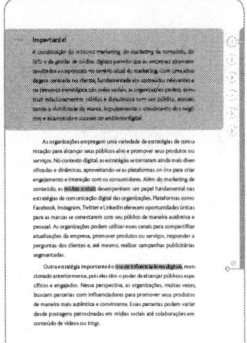

Importante!
Algumas das informações centrais para a compreensão da obra aparecem nesta seção. Aproveite para refletir sobre os conteúdos apresentados.

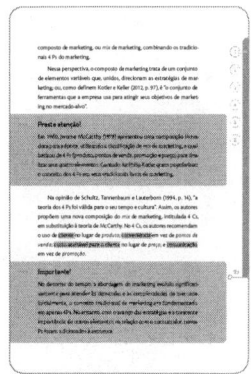

Preste atenção!
Apresentamos informações complementares a respeito do assunto que está sendo tratado.

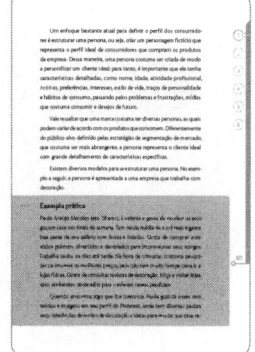

Exemplo prático
Nesta seção, articulamos os tópicos em pauta a acontecimentos históricos, casos reais e situações do cotidiano a fim de que você perceba como os conhecimentos adquiridos são aplicados na prática e como podem auxiliar na compreensão da realidade.

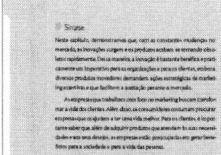

Síntese
Ao final de cada capítulo, relacionamos as principais informações nele abordadas a fim de que você avalie as conclusões a que chegou, confirmando-as ou redefinindo-as.

Estudo de caso
Nesta seção, relatamos situações reais ou fictícias que articulam a perspectiva teórica e o contexto prático da área de conhecimento ou do campo profissional em foco com o propósito de levá-lo a analisar tais problemáticas e a buscar soluções.

Questões para revisão
Ao realizar estas atividades, você poderá rever os principais conceitos analisados. Ao final do livro, disponibilizamos as respostas às questões para a verificação de sua aprendizagem.

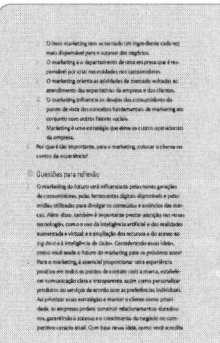

Questões para reflexão

Ao propor estas questões, pretendemos estimular sua reflexão crítica sobre temas que ampliam a discussão dos conteúdos tratados no capítulo, contemplando ideias e experiências que podem ser compartilhadas com seus pares.

Prefácio

Este prefácio foi elaborado especialmente para você que é apaixonado por marketing. Leia com atenção, pois sua visão de mercado irá mudar após esta obra enriquecedora, afinal, trata-se da lógica do marketing.

Começo destacando que, inevitavelmente, existem momentos em nossa vida em que o destino nos presenteia com encontros que transcendem o ordinário. Conhecer Joaquin Fernandez Presas e Patricia Piana Presas foi, para mim, uma dessas ocasiões memoráveis, uma vez que esse casal excepcional não apenas compartilha uma vida cheia de amor e carinho mútuos, mas também uma paixão ardente e cada vez mais forte por algo que também amo e respiro: o marketing, tema que, nas mãos deles, transforma-se na mais pura arte.

Temos também outra paixão em comum, mas essa é no mundo dos esportes, que deixarei em *stand-by* neste momento, assim fica para sua imaginação, leitor, identificar qual esporte temos em comum. O que acha? Agora, vamos direcionar nossa atenção e tempo para falar sobre esses autores acima da média e sua nova obra que certamente terá um grande impacto em sua formação profissional.

A Patricia brilha como diretora de planejamento na agência Pontodesign, além de ser referência na área acadêmica como professora e coordenadora de pós-graduação. Além disso, essa profissional de múltiplos diferenciais e extremamente organizada está no cargo de diretora de conteúdo da Associação Brasileira de Empresas de Design (Abedesign). É válido destacar que seu compromisso com o aprimoramento profissional e pessoal vai além do mundo dos negócios: ela também encontra tempo para uma válvula de escape, de modo a cultivar saúde e qualidade de vida. Olha aí! De novo, não vou dizer qual o esporte preferido da autora desta obra, no qual ela tem se destacado, inclusive como campeã. Ficou curioso para saber qual esporte ela faz para gastar sua incessante energia nas horas de lazer?

Agora vamos falar de Joaquin, ou, como carinhosamente é conhecido pelos amigos, Joca. É um argentino de coração 100% brasileiro. Atua como *designer* e é um professor universitário dos mais inspiradores – aliás, vale ressaltar que está entre os 100 mais influentes do mundo, de acordo com o *Top Marketing Professor and also Top CMO on Twitter (X)*. Todo tempo focado nos estudos não o impediu de fundar uma das agências de *design* mais renomadas do Brasil, a Pontodesign, que atua nas áreas de *design* estratégico, inovação digital, consultoria e resultados.

Joaquin não é apenas um acadêmico de destaque, ele atua também como investidor-anjo em *startups*, sendo ainda um atleta super dedicado, cujas proezas são observadas no verão nas ondas de Matinhos Beach, surfando sempre que possível. Além disso, pratica outro esporte, menos radical, evidenciando sua busca incansável por excelência em tudo. Esse outro esporte é aquele que temos em comum e o qual finalmente irei revelar: trata-se do *beach tennis*. E aí, leitor, o que achou?

O bom disso tudo é que, juntos, Joaquin e Patricia, assim como Jonathan e Jennifer Hart, formam um *duo* poderoso não apenas no marketing, mas na vida, provando que a sintonia entre almas pode ser uma fórmula real para o sucesso, tanto pessoal quanto profissional.

Mas vamos falar desta obra magnífica, A *lógica do marketing*, que agora você tem em mãos. Isso, meu caro leitor, não é apenas um prefácio, mas um convite para explorar os intricados caminhos dessa disciplina que permeia nosso cotidiano de maneira profunda e surpreendente. Desde a evolução histórica do marketing até os tópicos contemporâneos, cada capítulo desvenda novas perspectivas sobre como entender e influenciar o comportamento dos consumidores.

Tenho certeza de que, ao mergulhar a fundo nestas páginas, você descobrirá como as necessidades, os desejos e as demandas moldam o cenário mercadológico atual, ao passo que os tipos de clientes e o ambiente de marketing revelam a complexidade e a riqueza desse campo de estudo. Você conseguirá perceber que a prática de análise de mercado nos guia e dá base para entender como a importância da identificação do mercado-alvo, da correta segmentação e do posicionamento estratégico são elementos cruciais para qualquer empreendimento que deseje prosperar sem amadorismo.

Nesta obra, fica claro como criar valor para o cliente em seu mercado é fundamental, algo que pode ser desvendado e compreendido mediante o composto de marketing e as diferentes orientações estratégicas. Dessa maneira, os autores demonstram como cada abordagem pode ser adaptada para alcançar sucesso em um mundo globalizado e interconectado.

Destaco, especialmente, a parte da obra que trata de *Environmental, Social and Corporate Governance* (ESG), uma tendência emergente que define novos parâmetros éticos para as empresas e influencia diretamente suas estratégias de marketing. Esse é o ápice do livro, na minha humilde opinião, pois evidencia como o marketing não apenas observa, mas também molda as questões críticas que definem nosso futuro coletivo.

Caro leitor, uma grande certeza sobre este livro é que não se limita a informar: ele busca inspirar. É um convite para explorar o marketing não somente como uma área acadêmica, mas como uma filosofia que permeia cada interação, cada decisão e cada inovação em nosso mundo. É um chamado para estudantes ávidos por conhecimento e profissionais apaixonados por estratégia – aqueles que, como eu, acreditam que o marketing está em tudo que nos rodeia. Como disse anteriormente neste prefácio, sou um verdadeiro fã desse casal acima da média, que divide comigo a paixão pelo marketing, reforçando meu mantra de vida profissional, que é "Observar o marketing em tudo".

A partir de agora você deve se preparar para mergulhar neste universo dinâmico do marketing e em sua lógica, em que cada página é uma oportunidade para descobrir novas perspectivas e *insights* valiosos. Aproveite esta jornada e permita-se ser inspirado pelo conhecimento e pela paixão dos autores. Espero que este prefácio desperte em você a mesma curiosidade e o mesmo entusiasmo que senti ao ler as primeiras páginas deste livro extraordinário. Está pronto para explorar a lógica do marketing? O caminho está à sua frente.

Afinal, eu vejo marketing em tudo, e os autores também; assim, com dedicação incansável, foco inabalável e estudo apaixonado naquilo que ama, você pode alcançar qualquer lugar que sua imaginação e desejo permita vislumbrar. Lembre-se: "Sempre que pensar em desistir, recorde-se de tudo que passou para chegar até aqui".

Boa leitura e viaje à vontade neste conteúdo.

Prof. Dr. Achiles Batista Ferreira Junior

Professor da Escola de Gestão, Comunicação e Negócios do Centro Universitário Internacional Uninter

(www.professormarketing.com.br)

Apresentação

O marketing é uma das áreas mais importantes de qualquer organização que deseja alcançar o sucesso. Este livro oferece uma visão abrangente e detalhada de como o marketing tem evoluído no decorrer do tempo e como pode ser aplicado para criar valor para o cliente e o mercado.

Assim, no Capítulo 1, apresentaremos a evolução histórica do marketing, bem como as necessidades, os desejos e as demandas dos clientes. Além disso, abordaremos os diferentes tipos de clientes e o ambiente de marketing em que operam. De maneira complementar, no Capítulo 2, explicaremos como segmentar o mercado, definir o público-alvo e posicionar determinado produto ou serviço de maneira eficaz.

No Capítulo 3, ensinaremos como criar valor para o cliente e para o mercado por meio do composto de marketing e das diferentes orientações de marketing, desde a orientação para o produto até a orientação para logística e distribuição. Já no Capítulo 4, elucidaremos como as marcas, o processo de entrega de valor, as pesquisas, os relacionamentos e os sistemas de informação de marketing podem ajudar a conectar os clientes à empresa e vice-versa.

No Capítulo 5, indicaremos como os sistemas de inteligência de marketing e de informação de vendas podem ajudá-lo a monitorar as tendências do mercado e a entender o valor percebido pelo cliente e sua satisfação total. Por fim, no Capítulo 6, demonstraremos como adaptar seu plano de marketing para o mercado global e trataremos das preocupações de ESG, sigla que representa três palavras em inglês: *environmental*, que pode ser traduzida como "ambiente"; *social*, que se refere à responsabilidade social; e *governance*, que significa "governança". Além disso, oferecemos um guia detalhado sobre como criar um plano de marketing eficaz e como monitorar seus indicadores de marketing.

Esperamos que este livro ajude você a compreender melhor o marketing e a criar valor para os clientes e para o mercado.

Boa leitura!

01 Escopo do marketing

● Conteúdos do capítulo:
- Evolução histórica e escopo do marketing.
- Necessidades, desejos e demandas dos consumidores.
- Tópicos contemporâneos de marketing.
- Tipos de clientes.
- Ambiente de marketing.

● Após o estudo deste capítulo, você será capaz de:
1. elencar os principais conceitos do marketing;
2. discutir a evolução dos conceitos de marketing;
3. compreender o cenário em que determinada marca ou empresa está inserida;
4. reconhecer os principais desafios e oportunidades do mundo do marketing.

Escopo do marketing

O marketing é uma área fascinante e em constante evolução. Desde sua origem até a era digital, o marketing tem desempenhado um papel fundamental na satisfação das necessidades, dos desejos e das demandas dos consumidores, bem como na criação de valor para as empresas.

Neste capítulo, apresentaremos a evolução histórica do marketing, desde as primeiras formas de comércio até o surgimento do marketing moderno. Demonstraremos como o marketing se tornou um campo estratégico e como as empresas utilizam suas ferramentas para atrair, reter e fidelizar clientes.

Em seguida, analisaremos os conceitos de necessidade, desejo e demanda, fundamentais ao marketing, a fim de compreender como estão relacionados e como influenciam as decisões de compra dos consumidores. Discutiremos também como as empresas estão se adaptando a um mundo cada vez mais conectado e globalizado, tendo em vista a utilização de novas tecnologias e canais de comunicação.

Na sequência, indicaremos como diferentes tipos de clientes influenciam as estratégias de marketing, desde os consumidores finais até as empresas e organizações governamentais. Observaremos como as empresas segmentam o mercado e personalizam suas ofertas para atender às necessidades específicas de cada cliente.

Por fim, exploraremos o ambiente de marketing, que inclui tanto as forças macroambientais, como a economia, a política e a cultura, quanto as forças microambientais, como os concorrentes, os fornecedores e os intermediários de marketing. Explicaremos como essas forças influenciam a tomada de decisão das empresas e como elas podem se adaptar a mudanças no ambiente de marketing.

1.1 Evolução histórica e escopo do marketing

O marketing está presente em todas as dimensões da vida cotidiana, seja por meio de anúncios que nos impactam nas redes sociais, seja mediante promoções "leve 3, pague 2" em supermercados. Com isso em mente, é crucial ter uma boa estratégia de marketing para o sucesso de qualquer empreendimento hoje em dia.

De acordo com Cobra (2005, p. 27), o marketing pode ser classificado como "uma disciplina dinâmica e multifacetada que passou por uma notável evolução ao longo do tempo, moldada por mudanças sociais, econômicas e tecnológicas significativas". No entanto, é importante notar que esse campo está em constante evolução e transformação. Para compreender o conceito de marketing, é preciso analisar sua origem e a evolução de suas estratégias no decorrer do tempo.

Embora não haja um consenso absoluto sobre quando o marketing surgiu, a literatura vigente no campo da administração evidencia que a Revolução Industrial mudou fundamentalmente o modo como produtos e serviços eram comercializados: "Na Revolução Industrial, o marketing estava incipiente e muitas vezes era caracterizado por uma abordagem centrada na produção em massa. As empresas estavam mais preocupadas com a eficiência e a otimização dos processos de fabricação do que com as necessidades individuais dos consumidores" (Cobra, 2009, p. 9).

Há uma frase clássica de Henry Ford que exemplifica uma época em que o foco estava na produção: segundo ele, qualquer cliente poderia ter o carro da cor que quisesse, desde que fosse preto (Kotler; Keller, 2012). Em síntese, os esforços estavam direcionados à produção em larga escala, buscando a economia dos investimentos e a otimização dos lucros.

Naquela época, a concorrência era mínima e a demanda costumava ser maior do que a oferta. Dessa forma, as empresas não estavam muito preocupadas em atender as expectativas dos clientes. Por isso, a frase de

Henry Ford é um ótimo exemplo desse período: as pessoas eram praticamente "obrigadas" a comprar o que havia e não o que gostariam efetivamente de escolher e consumir.

Com a evolução do mercado e da economia, a concorrência se intensificou, assim como a produção, o que levou à necessidade de direcionar esforços para a venda. Como os consumidores passaram a ter mais opções de escolha, pelo aumento da produção de bens, isso permitiu que eles pudessem consumir o produto que melhor atendesse a seus interesses.

Foi em meados dos anos 1950 que o termo *marketing* começou a ser amplamente disseminado, por conta da necessidade de marcas e produtos apresentarem seus diferenciais para garantir a chance de serem comercializados (AMA, 2022).

Gradativamente, o foco nas vendas evoluiu para o foco nos clientes. A compreensão de que é necessário atender às necessidades e às expectativas das pessoas para alcançar a venda tão desejada fez com que as empresas compreendessem que as pessoas estavam ficando mais exigentes.

Nessa fase, a prática do marketing se fortaleceu, passando a ser uma estratégia essencial para atender às demandas do mercado. Para tanto, surgiram os primeiros estudos de perfil de público, ainda na década de 1950, o que demonstrou que as pessoas têm desejos e anseios diferentes e que é preciso atendê-los de maneira distinta.

Gradualmente, as empresas foram estruturando departamentos de marketing mais avançados, caracterizados por uma maior preocupação em desenvolver estratégias de produção. Essas estratégias envolviam questões como determinação do *mix* de produtos, seleção de canais de distribuição, precificação adequada e comunicação eficaz com os consumidores.

Para Cobra (2009), embora a história do marketing possa ser dividida em mais partes, três "eras" merecem destaque. Confira cada uma delas a seguir.

A era da produção

Até meados de 1925, muitas empresas nas economias mais desenvolvidas do Oeste europeu e dos Estados Unidos estavam orientadas pela produção. Não havia a preocupação com a venda, uma vez que tudo que era produzido era consumido. A atenção dos fabricantes era apenas com a qualidade de seus produtos. Com essa **orientação para a produção**, não havia qualquer sentido falar em vendas e muito menos em marketing.

A era da venda

Entre 1925 e o início de 1950, as técnicas de produção já eram dominadas e, na maioria das nações desenvolvidas, a preocupação era com o escoamento dos excedentes de produção. Os fabricantes começavam então a dar ênfase à força de vendas, com o objetivo de encontrar compradores para os seus produtos. Uma empresa com a **orientação para vendas** é aquela que assume que os consumidores irão resistir a comprar bens e serviços que eles não julguem essenciais. Nesse caso, o papel do vendedor passa a ser convencer os compradores acerca dos benefícios de seus produtos. Para subsidiar o trabalho dos vendedores, as empresas começam a anunciar seus produtos na expectativa de que os consumidores abram a porta para receber os vendedores.

A era do marketing

Após a crise de 1929, uma grande depressão toma conta dos Estados Unidos, e no Brasil há uma grande queima do café, nosso principal produto de exportação na época; nos dois países a dificuldade de obter dinheiro torna o mercado consumidor sem poder de compra. Para conquistar os poucos consumidores que restaram, surge nos Estados Unidos o marketing, com uma importância redobrada. As organizações sobreviveram à depressão prestando mais atenção aos anseios do mercado. Assim, cresce a importância do produto e com ele um novo tipo de

> gerente: o de produtos. Após a Segunda Guerra Mundial, com a explosão de novos bebês, surge uma nova geração de consumidores, denominada geração *baby boomer*. O fato é explicado da seguinte maneira: os jovens convocados para o serviço militar, sabendo que iriam para a guerra, antes de partir engravidaram suas esposas e namoradas. E, ao retornarem da guerra, uma nova onda de nascimentos de bebês torna os Estados Unidos um dos países mais férteis do mundo. Cresce o mercado de fraldas, alimentos infantis, roupas, brinquedos; e depois para os jovens surge toda uma linha de produtos para *teenagers*.

Fonte: Cobra, 2009, p. 4-5, grifo do original.

No contexto brasileiro, grandes empresas, como Nestlé, Gessy-Lever, Gillette e Refinações de Milho Brasil, começaram a reorganizar suas estruturas comerciais em torno do marketing, em vez de focarem apenas nas vendas (Falcão, 2014).

Foi na década de 1960 que surgiram renomados estudiosos do campo do marketing, cujos conceitos revolucionaram a prática dessa atividade. Um exemplo foi o professor Theodore Levitt, que publicou o artigo "Miopia em marketing" na revista *Harvard Business*, no qual apresentou pela primeira vez a clara preocupação com as necessidades e os desejos dos clientes como fator determinante para o sucesso das organizações (Falcão, 2014). No cenário brasileiro, essa década foi caracterizada pelo aumento significativo da população urbana, que ultrapassou finalmente a população rural. Esse fato deu origem a um novo perfil de consumidor, com necessidades, comportamentos e preferências distintas, o que demandou uma adaptação das estratégias de marketing para atender a esse novo tipo de público consumidor.

O período seguinte, entre 1970 e 1980, pode ser caracterizado como a época em que o marketing avançou rapidamente. As indústrias estavam efervescendo com uma vasta produção de diferentes produtos para atender à diversificação de gostos e interesses dos consumidores. Dessa forma, era preciso divulgar massivamente essa produção, para que o consumo fosse acelerado. Essa foi uma época de ouro para a publicidade, especialmente no Brasil, com o aumento do número de aparelhos de televisão nos lares, o que garantiu um grande volume de campanhas publicitárias que ficaram famosas. Um exemplo foi o comercial dos cobertores Parahyba, do início dos anos 1970, que passava na televisão sempre às 21h: uma animação simpática com uma música que indicava que já era "hora de dormir". Outro exemplo foi a campanha do "meu primeiro *soutien*", da Valisère, do início dos anos 1980, que a própria assinatura da campanha já dizia: "a gente nunca esquece" (Mendes, 2021).

Com consumidores cada vez mais conscientes e protagonistas de suas decisões de consumo, a chegada da internet, em meados da década de 1990, permitiu que as estratégias das empresas ficassem mais alinhadas com os desejos da sociedade, considerando-se questões como sustentabilidade, espiritualidade e valores socioculturais. Nesse contexto, o foco das estratégias de marketing passou a ser os valores e as experiências que podem ser propiciadas aos consumidores. A venda foi para segundo plano, com as empresas mais preocupadas com o relacionamento e a comunicação com seus clientes. Assim, a venda passou a ser o efeito de um bom trabalho de marketing.

Consequentemente, as empresas passaram a entender que um cliente satisfeito é o melhor advogado que uma marca pode ter e começaram a se preocupar cada vez mais com a jornada do consumidor. Para tanto, a internet e os canais digitais permitiram que as empresas tivessem acesso a uma infinidade de informações dos clientes, de modo a levar aos clientes produtos cada vez mais customizados e de maneira antecipada.

Gradativamente, a evolução das estratégias de marketing continua até os dias atuais, com foco na responsabilidade social, nas emoções e nos sentidos envolvidos na tomada de decisão de compra das pessoas. Esse é o foco mais atual do marketing, em que as marcas e empresas utilizam o poder que a tecnologia oferece para humanizar cada vez mais o relacionamento com os consumidores nos processos de venda.

○ Escopo do marketing

No Quadro 1.1, mais adiante, é possível verificar as etapas de evolução do uso das estratégias de marketing, tendo em vista as 5 principais fases: do marketing 1.0 ao marketing 5.0.

A primeira delas, o marketing 1.0, é caracterizada por uma abordagem centrada no produto, que visava simplesmente promover os atributos e as características dos produtos para atrair os consumidores. Nesse estágio, as empresas tinham pouco entendimento das necessidades e dos desejos dos clientes e se concentravam em alcançar o maior número possível de pessoas.

Com o passar dos anos, o marketing evoluiu para o marketing 2.0, no qual surgiu uma compreensão mais profunda do papel do cliente. As empresas perceberam que conhecer os clientes e se envolver com eles era essencial. O foco passou a ser a satisfação do cliente, buscando entender suas necessidades e oferecendo produtos e serviços mais alinhados com suas expectativas.

Em seguida, veio à tona o marketing 3.0, trazendo uma mudança fundamental de abordagem. Nesse estágio, o foco se deslocou do produto e do cliente para questões mais amplas, como valores, propósito e impacto social. As empresas buscavam estabelecer conexões emocionais com os clientes, demonstrando preocupação com questões sociais e ambientais.

Com o advento das tecnologias digitais e a crescente interconectividade, surgiu o marketing 4.0. Esse estágio trouxe uma abordagem mais direcionada ao consumidor, aproveitando o poder da internet, das redes sociais e da análise de dados para oferecer experiências personalizadas e relevantes. As empresas buscavam criar jornadas do cliente mais fluidas, em que cada interação fosse cuidadosamente projetada para satisfazer as necessidades individuais.

Atualmente, as estratégias estão focadas no chamado marketing 5.0, a mais recente evolução dessa área. Nesse estágio, o marketing incorpora a inteligência artificial, a realidade virtual e outras tecnologias avançadas para estabelecer uma interação mais profunda e significativa com os clientes. A abordagem é centrada no ser humano, valorizando a empatia e a compreensão genuína de suas necessidades emocionais. As empresas procuram criar experiências que transcendam a mera transação comercial, buscando construir relacionamentos duradouros e autênticos com os clientes.

Para facilitar a compreensão das mudanças ocorridas, apresentamos a seguir o Quadro 1.1, que destaca as principais características de cada estágio, desde o marketing 1.0 até o marketing 5.0. Essa análise comparativa nos permite visualizar como o marketing se adaptou a um cenário em constante transformação, respondendo às demandas do mercado e às expectativas dos consumidores.

Quadro 1.1 – Estágios da evolução do marketing

	Marketing 1.0	Marketing 2.0	Marketing 3.0	Marketing 4.0	Marketing 5.0
Objetivo	Vender produtos	Satisfazer os consumidores	Tornar o mundo um lugar melhor	Conectar as pessoas	Aproximar marcas e pessoas
Como as empresas veem o mercado	Compradores em massa	Consumidores inteligentes, que sabem escolher entre as opções existentes	Ser humano pleno: coração, mente e espírito	Embora as pessoas busquem a colaboração entre pessoas, estas só se conectam com o que interessa	Pessoas que buscam marcas que se mostram preocupadas com causas que elas defendem como valores
Conceito de marketing	Desenvolvimento de produtos	Diferenciação	Valores	Participação	Dados
Proposição de valor	Forma e função	Satisfação	Experiência	Interação	Empatia

Fonte: Elaborado com base em Kotler; Kartajaya; Setiawan, 2020.

Essa jornada de evolução do marketing demonstra como essa disciplina se adaptou às mudanças ao longo dos anos, indo além da simples promoção de produtos para um enfoque mais holístico e centrado no cliente. Cada estágio trouxe inovações e novos *insights*, impulsionados pela tecnologia e pelas mudanças sociais. Nesse cenário, o marketing 5.0 representa o ápice dessa trajetória, em que o foco no ser humano se torna o cerne da estratégia de marketing.

1.2 Necessidades, desejos e demandas

As definições de marketing atendem a diversos enfoques, considerando-se que se trata de uma atividade bastante abrangente e estratégica. Para Phillip Kotler (Kotler; Keller, 2012), um dos principais autores da área, *marketing* compreende a identificação e a satisfação das necessidades humanas e sociais. Para a American Marketing Association (AMA, 2002, tradução nossa), associação americana que agrega profissionais de marketing desde 1937, "marketing é a atividade e o processo de planejamento e execução da produção, precificação, promoção e distribuição de produtos e serviços que ofereçam valor de troca e que satisfaçam necessidades e expectativas individuais e organizacionais".

Com o passar do tempo, as definições de marketing evoluíram. Primeiramente, o conceito de marketing estava relacionado apenas à transferência de bens e serviços; em seguida, evoluiu para atender à satisfação dos desejos e das necessidades dos consumidores; e, atualmente, passou a ser ampliado e a incorporar novos aspectos, como temas sociais, ideias, área digital, tendências e futuro.

Alguns temas são essenciais quando falamos em marketing. Trataremos de maneira mais aprofundada alguns deles nos tópicos a seguir.

1.2.1 Necessidades

Necessidades são, de modo geral, condições inerentes à sobrevivência dos seres humanos, como comida, água ou abrigo. Costumam ser resolvidas assim que são atendidas, isto é, quando temos sede (necessidade) e tomamos água, a necessidade foi automaticamente resolvida.

Para Kotler (Kotler; Keller, 2012), podemos distinguir cinco tipos de necessidade:
1. **Necessidades declaradas**: o que o cliente diz que quer. Por exemplo: um carro econômico.
2. **Necessidades reais**: o que o cliente realmente quer. Por exemplo: um carro com custo de manutenção baixo.
3. **Necessidades não declaradas**: o que o cliente espera receber. Por exemplo: um bom atendimento na concessionária.
4. **Necessidades de "algo mais"**: o que o cliente gostaria. Por exemplo: que o carro fosse turbo.
5. **Necessidades secretas**: como o cliente quer ser visto pela sociedade. Por exemplo: que seus amigos achem que ele é rico.

As necessidades são elementos essenciais à sobrevivência e ao bem-estar das pessoas. Elas representam carências físicas ou psicológicas que os indivíduos buscam satisfazer. No contexto social, as necessidades podem ser variadas, abrangendo desde questões básicas, como alimentação, moradia e saúde, até questões mais complexas, como senso de pertencimento, autoestima e autorrealização. Essas necessidades transformam-se em desejos quando, para satisfazê-las, as pessoas buscam objetos específicos.

1.2.2 Desejos

Os desejos são formas específicas de atender às necessidades, ou seja, a necessidade de fome pode ser satisfeita com um prato de arroz com feijão ou, ainda, com um saboroso hambúrguer com batata fritas. O que direciona a escolha de cada pessoa e a maneira como resolverá suas necessidades é o que caracteriza os desejos das pessoas.

Desejos são um "querer", isto é, algo específico que ultrapassa apenas o atendimento de uma necessidade; trata-se de um modo particular de satisfazer o que se quer. São motivações especiais e particulares, que

○─ Escopo do marketing

variam de acordo com diversos fatores pessoais, como a cultura, as preferências pessoais e o poder monetário.

Vale destacar que as necessidades e os desejos representam dois conceitos fundamentais, mas que têm distinções cruciais. As necessidades referem-se a carências essenciais e fundamentais que são inerentes à condição humana e são compartilhadas por todos os indivíduos, independentemente de seu contexto social ou circunstâncias de vida, como alimentação, moradia e saúde, bem como necessidades psicológicas de afeto, pertencimento e segurança.

Por outro lado, os desejos são os anseios individuais, influenciados pelas construções socioculturais e pelas experiências pessoais de cada indivíduo. Os desejos podem variar significativamente entre as pessoas, pois são moldados por fatores contextuais e históricos específicos. Por exemplo, alguém que vive em um ambiente com recursos abundantes pode desenvolver desejos por produtos de luxo ou experiências sofisticadas, ao passo que aquele que vive em condições mais restritas pode desejar produtos ou serviços que satisfaçam necessidades básicas de modo mais acessível.

Freud (1920) destaca que o conceito de *desejo* na psicanálise freudiana é central, pois os desejos humanos são motivados por impulsos inconscientes, muitas vezes relacionados a experiências anteriores, em especial da infância. Freud (1920) desenvolveu o princípio do prazer, que sugere que os indivíduos buscam o prazer e evitam o desconforto; e o princípio da realidade, que reconhece as limitações do mundo externo na satisfação dos desejos.

Em contrapartida, Lacan (1985) expandiu as ideias de Freud e introduziu o conceito de desejo do outro, argumentando que o desejo não é apenas uma busca por satisfação, mas também uma tentativa de obter reconhecimento e validação do "outro", ou seja, os outros indivíduos e a sociedade. Seus estudos sobre linguagem, simbolismo e identidade destacam como os desejos são influenciados pela interação social e cultural (Lacan, 1985).

Essa diferença é especialmente relevante ao analisarmos a construção social dos desejos. A sociedade, a cultura e as instituições moldam as preferências individuais e influenciam a maneira como percebemos e valorizamos determinados produtos ou serviços. Por exemplo, a publicidade, a mídia e a influência social podem criar desejos por bens de consumo específicos, associando-os a ideais de sucesso, *status* ou felicidade.

As circunstâncias de vida dos indivíduos também desempenham um papel importante na formação dos desejos. Pessoas que enfrentam situações de carência, insegurança ou insatisfação podem desenvolver desejos por produtos ou serviços que prometam suprir essas necessidades não atendidas.

No contexto do marketing, entender a diferença entre *necessidades* e *desejos* é crucial para a criação de estratégias eficazes. As empresas devem compreender as necessidades básicas e universais dos consumidores para oferecer soluções relevantes e significativas. Ao mesmo tempo, devem estar atentas aos desejos que são construídos socialmente e personalizados, a fim de criar propostas de valor atraentes e diferenciadas que cativem o público-alvo.

1.2.3 Demandas

Demandas são desejos por itens específicos, amparados pela capacidade financeira de comprá-los. Muitos querem um Porsche, por exemplo, mas poucos podem efetivamente comprá-lo. Dessa maneira, as empresas não devem avaliar apenas o número de pessoas que desejam seus produtos, mas também quantas estariam verdadeiramente preparadas para comprá-los e se teriam condições financeiras para isso.

Para Reade, Mola e Inacio (2015), as demandas podem ser segmentadas em oito categorias: negativas, plenas, em declínio, inexistentes, latentes, irregulares, indesejadas e excessivas.

Escopo do marketing

I. Demanda negativa

Ocorre quando uma parcela expressiva do mercado compra determinado produto, mas efetivamente não gosta de consumi-lo. Por exemplo: plano funerário.

Nesse caso, as ações de marketing devem valorizar os benefícios, gerando uma imagem positiva do produto ou serviço. É preciso avaliar por que o mercado não gosta do produto e considerar mudanças nele, bem como preços mais competitivos e possíveis promoções, a fim de obter uma mudança de percepção em relação a esse produto ou serviço.

II. Demanda plena

Ocorre quando tudo o que é produzido é comprado pelo mercado e existe equilíbrio entre oferta e demanda. Por exemplo: internet.

Nesse caso, as estratégias de marketing devem sustentar o nível de demanda, mesmo que haja concorrentes à altura, mantendo e/ou melhorando a qualidade e avaliando a satisfação dos clientes, de modo que seja possível perceber e estar preparado para eventuais mudanças de interesse do mercado.

III. Demanda em declínio

Ocorre quando os consumidores começam a comprar em menor quantidade ou até deixam de comprar determinado produto. Por exemplo: fraldas, a partir do momento que os bebês crescem.

Nesse caso, as ações de marketing devem dar enfoque às causas do declínio, a fim de tentar reverter a queda. Também precisa ser avaliada a possibilidade de estimular a demanda em novos mercados, buscando novos públicos ou, ainda, avaliar mudanças no produto ou serviço e ações de comunicação mais eficazes e criativas, de modo a estimular o interesse de consumo.

IV. Demanda inexistente

Ocorre quando os consumidores não conhecem o produto ou são indiferentes e/ou não têm nenhum interesse em consumi-lo. Por exemplo: serviços funerários.

Nesse caso, a tarefa do marketing é conseguir ligar a percepção dos benefícios do produto ou serviço com as necessidades reais dos consumidores.

V. Demanda latente

Ocorre quando os consumidores têm uma necessidade, mas não existe uma oferta correspondente para atendê-la. Por exemplo: um cigarro que não faça mal à saúde.

Nesse caso, é preciso avaliar o tamanho da demanda e desenvolver produtos para atender às expectativas dos consumidores.

VI. Demanda irregular

Ocorre quando a oferta de produtos sofre algum tipo de sazonalidade. Por exemplo: frutas e verduras.

Nesse caso, o marketing deve estruturar estratégias para alterar o padrão de demanda, com preços mais competitivos, ofertas, descontos e/ou promoções que incentivem o consumo em épocas de alta sazonalidade e/ou controle em períodos de baixa sazonalidade.

VII. Demanda indesejada

Ocorre quando os consumidores desejam produtos que podem trazer consequências indesejadas. Por exemplo: consumo de álcool ou de cigarros.

Nesse caso, as ações de marketing devem incentivar as pessoas que consomem esse tipo de produto para que deixem de consumi-lo, mediante ações de comunicação de cunho educativo e de caráter social que visem tornar esse tipo de produto menos atrativo.

VIII. Demanda excessiva

Ocorre quando existe uma demanda maior do que a oferta, ou seja, há mais consumidores interessados na compra do que produtos a serem vendidos. Por exemplo: ingressos para *shows* de artistas famosos.

Nesse caso, a tarefa do marketing é desenvolver ações que estimulem a percepção de escassez, de modo a incentivar os interessados a comprarem o produto ou serviço o quanto antes, a fim de garanti-lo. Também é preciso se preocupar em controlar a demanda, para que não gere insatisfação no público-alvo, pois, nesse caso, os consumidores podem ficar frustrados e insatisfeitos, já que foram em busca de determinado produto ou serviço, estimulados pelo marketing – ao não encontrar o produto ou serviço oferecido, isso pode gerar um efeito negativo em relação à marca.

Como é possível perceber, as necessidades, os desejos e as demandas norteiam as estratégias de marketing. Esses conceitos se inter-relacionam, embora apresentem significados distintos.

As necessidades são carências essenciais e fundamentais que são inerentes à condição humana e são compartilhadas por todos os indivíduos. Os desejos, por sua vez, referem-se aos anseios específicos e subjetivos de cada um, visto que são influenciados pelo contexto cultural, social e individual de cada pessoa. São as maneiras pelas quais as pessoas querem satisfazer suas necessidades Por fim, as demandas correspondem à expressão dos desejos em termos de poder de compra, ou seja, são os desejos respaldados pela capacidade financeira do consumidor.

● Importante!

Além das dimensões clássicas de necessidades, desejos e demandas, o marketing moderno reconhece a importância de considerar as questões sociais e ambientais. Os consumidores estão cada vez mais conscientes e preocupados com as questões relacionadas à responsabilidade social e ambiental das empresas.

Nesse sentido, as necessidades sociais e ambientais ganham destaque. As necessidades sociais dizem respeito ao bem-estar coletivo, ao combate à desigualdade, ao respeito à diversidade e à promoção do desenvolvimento sustentável. As necessidades ambientais, por sua vez, relacionam-se à preservação dos recursos naturais, à redução do impacto ambiental das atividades econômicas e ao estímulo de práticas de consumo consciente.

Diante desse cenário, as empresas são desafiadas a adotar uma abordagem mais ampla, que considere não apenas as necessidades e os desejos individuais dos consumidores, mas também as demandas sociais e ambientais da comunidade na qual estão inseridas. O marketing contemporâneo valoriza a construção de marcas que reflitam propósitos genuínos e responsáveis, alinhados com as preocupações dos consumidores e da sociedade como um todo.

1.3
Tópicos contemporâneos de marketing

O marketing se transformou de maneira drástica nos últimos anos, especialmente em razão da maneira como a tecnologia alterou a gestão nas organizações. A tecnologia modificou o modo como as empresas planejam, executam e avaliam seus esforços de marketing. Para Kotler, Kartajaya e Setiawan (2020), o marketing evoluiu no decorrer do tempo, e essas mudanças advêm de três grandes revoluções: a industrial, a tecnológica e a da informação. Esses movimentos moldaram a forma como os mercados evoluíram com o passar dos anos, influenciando transversalmente a maneira como as empresas desenvolvem suas ações de marketing. Desse modo, o cenário do marketing contemporâneo tem sido marcado por uma série de transformações impulsionadas pela crescente digitalização e pelas mudanças nas preferências e nos comportamentos dos consumidores.

Nesse contexto dinâmico, quatro tópicos emergem como elementos essenciais que redefinem a abordagem das empresas no ambiente competitivo atual: tecnologia, foco no cliente, contato *omnichannel* e consciência ambiental.

A tecnologia, embora fundamental, é apenas a ponta do *iceberg*, pois o sucesso no mercado vai além das inovações tecnológicas. Colocar o cliente no centro da experiência é essencial para conquistar a lealdade e a satisfação do público-alvo. O contato *omnichannel* tem se mostrado uma estratégia eficaz para aprimorar a jornada do cliente, ao passo que a crescente consciência ambiental representa uma demanda cada vez mais significativa por parte dos consumidores. A seguir, exploraremos detalhadamente cada um desses tópicos, destacando sua relevância no contexto atual do marketing e como influenciam as práticas comerciais das empresas.

A tecnologia é apenas a ponta do *iceberg*

Essencialmente, a tecnologia permite desenvolver novas experiências para os clientes, novas formas de se conectar com os consumidores, além de gerar uma quantidade infinita de dados que permitem entender o comportamento dos clientes. Apesar de toda evolução que já conseguimos acompanhar, essa é apenas uma pequena amostra do profundo impacto que a tecnologia ainda trará para o futuro do marketing.

No mundo atual, a tecnologia desempenha um papel fundamental para o marketing, permitindo que as empresas alcancem seu público-alvo de maneira mais eficiente e personalizada. As inovações tecnológicas, como a inteligência artificial, a análise de dados e o marketing de automação, têm revolucionado a forma como as empresas se comunicam com os consumidores e tomam decisões estratégicas. Entretanto, é importante destacar que a tecnologia é apenas uma parte do que compõe o marketing eficaz. Por trás de toda a infraestrutura tecnológica estão a estratégia de negócios, a criatividade, o entendimento profundo do comportamento do consumidor e a capacidade de se adaptar rapidamente às mudanças do mercado. Assim, o sucesso no marketing requer uma abordagem integrada que combine as ferramentas tecnológicas com as habilidades estratégicas e criativas das equipes de marketing.

Cliente no centro da experiência

O marketing deve criar uma experiência significativa e superior ao que o cliente espera para conquistar sua lealdade. As organizações precisam ter sua cultura centrada no cliente e a experiência do cliente deve ser uma função estratégica. Ao fazer isso, os profissionais de marketing devem criar experiências imersivas que garantam a diferenciação e um posicionamento poderoso em relação aos concorrentes.

Em um mercado altamente competitivo, colocar o cliente no centro da experiência se tornou uma estratégia fundamental para as empresas que buscam se destacar e construir relacionamentos duradouros com seus clientes. Isso significa entender a jornada do cliente, suas necessidades, suas preferências e seus desejos, e oferecer soluções personalizadas que atendam a essas demandas específicas. Quando o cliente se torna o foco da estratégia de marketing, as empresas podem proporcionar experiências memoráveis e relevantes, gerando maior satisfação e lealdade. A coleta e a análise de dados são ferramentas essenciais nesse processo, pois permitem o conhecimento detalhado do público-alvo e a entrega de experiências personalizadas em cada ponto de contato com a marca.

Contato *omnichannel*

Atualmente, os compradores estão por toda a parte: na *web*, no *mobile* e no *e-mail*. Vivemos na era *figital* (físico e digital unidos), o que representa o conceito de *omnichannel*. Além disso, com a quantidade de dados disponível, é possível conhecer profundamente os clientes e atendê-los em todos os pontos de contato possíveis. O *big data*, por meio do *machine learning*, ou seja, o aprendizado de máquina, colabora para o delineamento de um perfil abrangente dos consumidores, além de inteligência artificial e preditiva, que permite ações de marketing cada vez mais personalizadas, oferecendo a otimização das interações durante a jornada do consumidor.

Dessa forma, o contato *omnichannel* tem se tornado uma abordagem-chave para aprimorar a experiência do cliente e a eficácia das estratégias de marketing. O conceito de *omnichannel* vai além do simples uso de múltiplos canais de comunicação, como lojas físicas, *sites*, redes sociais e aplicativos. Trata-se de proporcionar uma experiência de compra unificada e integrada, independentemente do canal escolhido pelo cliente. Isso significa que o cliente pode iniciar uma interação em um canal e continuar em outro sem perda de informações ou inconsistência na experiência. O *omnichannel* permite uma jornada fluida e contínua, otimizando a comunicação com o cliente e facilitando o processo de compra. Essa abordagem é especialmente relevante em um cenário em que os consumidores esperam uma interação perfeita com as marcas, independentemente do canal utilizado, e tende a aumentar a efetividade das estratégias de marketing e a fidelização dos clientes.

Consciência ambiental

Cada vez mais as organizações têm de se preocupar com sua cadeia de produção e de suprimentos, buscando reduzir o próprio impacto ambiental. Atualmente, muitos consumidores estão mais conscientes sobre as questões ambientais, evitando consumir marcas que realizam testes em animais ou que sejam prejudiciais à natureza. Dessa maneira, a consciência ambiental tem se tornado um fator cada vez mais relevante no cenário do marketing moderno. Assim, os consumidores têm buscado marcas que demonstrem compromisso com a sustentabilidade e responsabilidade social. Nesse contexto, as empresas precisam adotar práticas comerciais sustentáveis, reduzindo sua pegada ambiental, promovendo a reciclagem, investindo em energias renováveis e apoiando causas sociais.

As ações em prol da sustentabilidade não só atraem consumidores alinhados com esses valores, mas também podem gerar vantagens competitivas significativas, à medida que a conscientização sobre questões ambientais continua a crescer. A preocupação com o meio ambiente ainda tem o poder de estabelecer uma conexão emocional mais profunda com os clientes, criando uma imagem positiva da marca e fortalecendo sua reputação.

Em resumo, os tópicos contemporâneos de marketing mencionados – tecnologia, foco no cliente, contato *omnichannel* e consciência ambiental – representam aspectos fundamentais que orientam as estratégias e práticas das organizações na atualidade. A integração inteligente da tecnologia, a personalização da experiência do cliente, o fornecimento de uma jornada *omnichannel* e a demonstração de compromisso ambiental são pilares essenciais para uma abordagem bem-sucedida no marketing moderno, impulsionando o crescimento e a sustentabilidade das organizações.

É preciso ter em mente que, enquanto a tecnologia desempenha um papel crucial na otimização das estratégias de marketing, é essencial reconhecer que ela representa apenas uma parcela do cenário completo. A convergência entre inovação tecnológica, estratégia e criatividade é essencial para obter resultados efetivos. Priorizar o cliente no centro da experiência tornou-se imperativo para construir laços emocionais e duradouros, fornecendo experiências personalizadas e relevantes em todos os pontos de contato.

Da mesma maneira, o contato *omnichannel* surge como uma estratégia eficaz para oferecer uma jornada interligada à expectativa do cliente, eliminando barreiras entre os canais de comunicação e venda. Além disso, a crescente conscientização ambiental demonstra que as empresas devem adotar práticas sustentáveis e socialmente responsáveis para atender às expectativas de um público cada vez mais consciente e exigente.

A integração habilidosa desses tópicos impulsiona o sucesso das empresas no cenário atual, criando vantagens competitivas e fortalecendo o relacionamento com os clientes.

1.4 Tipos de clientes

Clientes são o principal motivo para que as empresas desenvolvam ações de marketing e busquem ofertar os melhores produtos e estruturar grandes experiências, afinal, sem eles, não há lucro nem continuidade dos negócios. Assim, compreender quais são os tipos de clientes é essencial para que as organizações possam direcionar seus produtos e serviços e obter sucesso.

Os clientes costumam ser classificados em dois grandes grupos: o *business-to-consumer* (B2C); e o *business-to-business* (B2B). Essas siglas servem para identificar uma caraterística bastante importante para as empresas: para quem elas vendem. De acordo com Dias (2012, p. 89), o grupo B2C classifica os casos em que "a empresa faz negócio direto com o cliente final. São as ações mais corriqueiras, como [...] compras em um supermercado, consultar um dentista ou loja de roupas". O grupo B2B, por sua vez, contempla os casos em que as empresas prestam serviços umas para as outras: "são as indústrias e manufaturas, como [...] uma fábrica que produz parafusos para uma montadora de veículos ou uma fábrica de refrigeradores que vende seus produtos para uma loja de varejo, que irá revender aos consumidores" (Dias, 2012, p. 89).

Entender os tipos de clientes existentes faz toda a diferença na hora de vender, seja no varejo físico, seja no ambiente digital. Contudo, a verdade é que os consumidores estão cada vez mais exigentes. Na prática, isso reflete nas ações de marketing e na necessidade de as empresas prestarem um atendimento de qualidade ou de desenvolverem produtos mais inovadores, por exemplo.

Maria Alice Medeiros (2024) destaca que quem pensa que os clientes são todos iguais, está enganado, e aproveita para classificar os clientes em 11 tipos principais:

1. **Cliente indeciso**: esse é um dos tipos de clientes que exige mais tempo e dedicação, pois costuma não ter certeza do que quer e demonstra dúvida entre mais de uma opção de produto ou insegurança em relação à compra. Para atender a esse tipo de cliente, é importante demonstrar confiança e ser paciente.
2. **Cliente confuso**: além de também ser um pouco indeciso, esse consumidor se sente confuso na hora de optar por um produto ou serviço. Para melhor atendê-lo, é preciso prestar atenção em suas dificuldades e focar em entregar uma solução que verdadeiramente o atenda.
3. **Cliente decidido**: é aquele que já sabe exatamente o que quer. Na maioria das vezes, ele só precisa de indicação sobre como efetuar a compra ou apenas de orientações pontuais sobre o produto ou serviço. Nesse caso, o melhor a se fazer é não perder tempo e ajudá-lo a finalizar a compra o quanto antes.
4. **Cliente comunicativo**: é aquele que gosta de conversar, de falar de sua vida e de contar histórias, mas que, por conta disso, toma muito tempo do vendedor. O ideal é buscar estabelecer limites para que a venda ocorra da melhor forma, sem finalizar a conversa.
5. **Cliente apressado**: é aquele que, obviamente, não quer perder tempo com atendimento. O importante aqui é passar informações o mais rápido possível e agilizar o processo de compra.
6. **Cliente sem pressa**: é bastante comum que o cliente sem pressa deseje atenção exclusiva e dedicação do vendedor, afinal de contas, ele tem bastante tempo para escolher o produto ideal.
7. **Cliente negociador**: é aquele que sempre busca por um desconto ou condição diferenciada. O ideal é ter grande habilidade

○ Escopo do marketing

de argumentação e condições que permitam atender aos seus anseios sem prejudicar a empresa.

8. **Cliente crítico**: é aquele que tem o hábito de ressaltar os pontos negativos. Para lidar com esse tipo de cliente, o qual é bastante comum, é importante tentar direcionar o foco para os pontos positivos do produto ou serviço.
9. **Cliente grosseiro**: alguns clientes podem se tornar grosseiros quando estão insatisfeitos com algo, seja em relação ao produto ou serviço, seja em relação ao atendimento. O mais importante é dar a atenção que ele precisa e mostrar que a empresa está preparada para reverter a situação.
10. **Cliente da concorrência**: é aquele que faz questão de falar de uma empresa concorrente. O ideal é ouvir e conseguir apresentar os diferenciais da marca, mas sem enlodar a imagem do concorrente.
11. **Cliente especialista**: é aquele que pesquisa antecipadamente na internet e chega com todas as informações sobre o produto. Logo, a melhor maneira de atendê-lo é estar muito bem-preparado.

Logicamente, cada tipo de cliente demandará um tipo de atendimento de vendas diferente. Um cliente decidido, que já tem em mente o que quer, necessita um pouco mais de agilidade no atendimento do que um cliente sem pressa, que vai acabar exigindo mais paciência e dedicação.

1.5 Ambiente de marketing

Toda empresa está inserida em determinado cenário e sofre influências que podem afetar o andamento dos negócios, como a alta da taxa do dólar ou uma grande seca.

Esse cenário é o que chamamos de *ambiente de marketing*, uma diversidade de forças que afetam direta e/ou indiretamente, de maneira positiva ou negativa, a capacidade da organização de desenvolver suas ações comerciais com maestria. O papel do marketing é identificar esses fatores do ambiente e encontrar o melhor modo de trabalhar com as situações, especialmente quando se trata de ameaças ao negócio, para que se transformem em boas oportunidades para a empresa.

O ambiente de marketing se subdivide em microambiente e macroambiente, como indicado na Figura 1.1.

Figura 1.1 – Ambiente de marketing

Fonte: Elaborado com base em Kotler; Keller, 2012.

O microambiente são as forças classificadas como controláveis, pois se encontram em um raio de ação mais próximo da empresa. É formado pela empresa em si (seus funcionários e diretoria), os fornecedores, os intermediários, os concorrentes e também os clientes, com os quais a empresa tanto influencia quanto é influenciada.

As forças do microambiente são ditas *controláveis*, pois com todos esses agentes a empresa tem algum tipo de poder de negociação e, assim, ela consegue intervir diretamente para alcançar os melhores resultados.

○ Escopo do marketing

Como ressaltado diversas vezes, os clientes são a principal razão de qualquer empresa existir, e nada mais relevante do que compreender quais são suas necessidades e seus desejos. O mais importante é entender seus interesses, seus comportamentos de consumo, suas preferências e o que valorizam quando buscam um produto como o que a empresa comercializa. Já os intermediários são aqueles que colaboram para a empresa promover, vender e distribuir seus produtos aos compradores. Em algumas empresas, os intermediários são vitais, pois atuam como elo essencial entre o fabricante ou produtor e o consumidor final, facilitando o fluxo eficiente e eficaz dos produtos ou serviços até o mercado. Os fornecedores, por sua vez, são os responsáveis pelas empresas terem acesso às matérias-primas e aos insumos para a produção dos produtos, embora também haja os fornecedores de serviços. Desse modo, é importante se relacionar da melhor forma com eles, pois existe uma grande interdependência entre a empresa e seus fornecedores, em especial em relação à qualidade da matéria-prima e os prazos de entrega. Por fim, os concorrentes são as empresas que estão competindo pela atenção dos mesmos consumidores, ofertando produtos similares e/ou substitutos e que servem de base comparativa na hora de um cliente decidir a compra.

O macroambiente são as forças ditas incontroláveis, mas que detêm grande poder de influência nos negócios. Essas forças costumam atingir todas as empresas de um mesmo segmento, pois atuam em uma esfera mais ampla e abrangente.

As forças do macroambiente são chamadas de *incontroláveis* porque não existe ação possível para evitar que aconteçam – pode-se apenas estar atento ao cenário e tendências do setor para antecipar as mudanças que possam vir a ocorrer, de modo que seja possível adaptar as estratégias de marketing para o melhor aproveitamento dessas variáveis. Um bom exemplo é a variação cambial entre o real e o dólar. A oscilação do câmbio ocorre por diversos fatores, em especial em função da oferta e da demanda de moeda estrangeira, da inflação e de questões políticas e/ou mercadológicas que ocorrem em âmbito mundial e que não são controláveis pelas empresas. Se uma organização importa sua matéria-prima ou algum produto pronto para revender, o melhor seria que o dólar estivesse a um preço mais barato; porém, não é a empresa que define o quanto quer pagar na taxa de câmbio, e sim a variação cambial, e esta pode oscilar no decorrer de um dia.

Os principais itens que compõem o macroambiente são os fatores econômicos, sociodemográficos, culturais, tecnológicos, político-legais e ambientais. Cada um desses elementos apresenta desafios e oportunidades únicas, exigindo uma abordagem estratégica e adaptável para garantir que as empresas se posicionem de modo competitivo e sustentável no mercado.

A variável sociodemográfica abrange os fatores que afetam a sociedade, seus valores e comportamentos, suas preferências e, em especial, sua cultura. Nesse momento, é importante entender, por exemplo, sobre o envelhecimento da população, os hábitos de consumo de um grupo social, os índices de natalidade e de mortalidade da população ou, ainda, como a sociedade valoriza grupos étnicos ou socioeconômicos. Já a variável político-legal compreende as questões legislativas, as leis e os controles governamentais que regulam ou limitam o andamento dos negócios. A variável tecnológica, por sua vez, abrange as tecnologias, o mundo digital e o desenvolvimento de inovações. A tecnologia pode colaborar no desenvolvimento de um produto melhor, tornar a distribuição mais eficiente, bem como aumentar a competitividade; porém, também pode tornar uma empresa ou um produto rapidamente obsoleto, tirando de competição.

Ainda no que se refere ao macroambiente, há a variável econômica, que envolve a capacidade e o poder de compra dos consumidores, assim como as questões econômicas mundiais que afetam o desenvolvimento dos países e do mercado. Há também a variável cultural, que se refere

○ Escopo do marketing

aos valores e à identidade das pessoas e da sociedade. Trata-se das crenças que geram identificação e unem os povos, interferindo na maneira como as pessoas vivem e no que acreditam. Por fim, a variável natural ou ambiental abrange as questões ligadas à sustentabilidade, ao meio ambiente e à natureza e preocupa-se em como fatores como o clima, por exemplo, afetam a produção das empresas.

Um ponto importante a ser destacado quando se fala em ambiente de marketing é que o cenário atual é marcado por uma transformação digital acelerada, a qual influencia profundamente o campo do marketing. A tecnologia, agora mais do que nunca, desempenha um papel central em averiguar como as marcas se conectam com seus consumidores, moldando estratégias e campanhas para que sejam mais personalizadas, interativas e eficazes.

A ascensão da inteligência artificial (IA) e do aprendizado de máquina (*machine learning*) está permitindo análises de dados mais profundas e preditivas, capacitando os profissionais de marketing a compreenderem melhor o comportamento do consumidor e a anteciparem suas necessidades e seus desejos. Isso não apenas aprimora a segmentação e a personalização das campanhas, mas também eleva a experiência do cliente a novos patamares, criando interações mais significativas e relevantes.

Além disso, a tecnologia *blockchain* tem começado a se infiltrar no marketing, prometendo aumentar a transparência, a segurança dos dados do consumidor e a confiança na publicidade digital. As marcas que adotam essas inovações podem se destacar por garantir a proteção e a privacidade dos dados de seus clientes, um valor cada vez mais apreciado no mercado atual.

As redes sociais continuam a ser um vetor de transformação, com plataformas emergentes e recursos inovadores, como o comércio social e a realidade aumentada (RA), redefinindo o engajamento *on-line*. A capacidade de comprar diretamente de *posts* e *stories* está tornando o caminho para a compra mais curto e integrado, ao passo que as experiências imersivas por meio da RA criam novas oportunidades para as marcas envolverem seus públicos de maneiras únicas e memoráveis.

Como ressaltamos, os consumidores estão cada vez mais buscando marcas que não apenas falem sobre sustentabilidade, mas também que utilizem a tecnologia para provar seu compromisso. Isso vai desde cadeias de suprimentos rastreáveis até embalagens inovadoras e amigas do meio ambiente, mostrando como a tecnologia e o marketing devem andar de mãos dadas para atender às demandas éticas e ecológicas dos consumidores modernos.

Assim, o cenário atual, fortemente influenciado pela tecnologia, está transformando o marketing de modo a exigir que as marcas sejam ágeis, inovadoras e profundamente sintonizadas com os valores e as expectativas de seus consumidores. A capacidade de adaptar-se e aproveitar as novas tecnologias não é mais opcional, mas um imperativo para quem deseja se manter relevante e competitivo no mercado dinâmico da atualidade.

Em síntese, todas as empresas são afetadas de alguma forma por um intrincado conjunto de variáveis do macroambiente, que pode se transformar em grandes oportunidades, assim como gerar certas ameaças. Dessa maneira, é de suma importância que os profissionais de marketing compreendam esses fatores do macroambiente e sempre estejam atentos ao contexto e ao cenário em que a empresa está inserida, para que não sejam surpreendidos por algum fator que possa afetar o crescimento do negócio.

Síntese

Neste capítulo, demonstramos que, com as constantes mudanças no mercado, as inovações surgem e os produtos acabam se tornando obsoletos rapidamente. Dessa maneira, a inovação é bastante benéfica e praticamente um imperativo para as organizações e para os clientes, embora diversos produtos inovadores demandem ações estratégicas de marketing assertivas e que facilitem a aceitação perante o mercado.

As empresas que trabalham com foco no marketing buscam transformar a vida dos clientes. Além disso, os consumidores costumam procurar empresas que os ajudem a ter uma vida melhor. Para os clientes, é importante saber que, além de adquirir produtos que atendam a suas necessidades e a seus desejos, as empresas estão preocupadas em gerar benefícios para a sociedade e para a vida das pessoas.

Conforme salientamos, entre as inúmeras vantagens de se aplicar corretamente os conceitos de marketing, a satisfação dos clientes pode ser apontada como a mais evidente. Portanto, há a necessidade da sintonia entre as ações de marketing e todas as estratégias da organização, o que torna mais acessível avaliar os resultados alcançados.

Neste capítulo, também apresentamos a definição mais atual de marketing, que considera os avanços incorporados no decorrer do tempo. Segundo Kotler e Keller (2012, p. 39), o "marketing é a ciência que visa potencializar objetivos institucionais e comerciais por meio de planos estratégicos e táticos, com base nos *stakeholders* envolvidos". Essa abordagem abrangente reflete a importância de considerar as diversas partes interessadas e de alinhar as estratégias com os objetivos globais da empresa.

Também esclarecemos que o marketing contemporâneo vai além da simples promoção de produtos e serviços, visto que busca construir relacionamentos duradouros e entregar valor superior aos clientes ao mesmo tempo que atende às expectativas dos demais públicos envolvidos no processo. Essa visão ampliada reforça a relevância do marketing como um elemento central para o sucesso e a sustentabilidade das organizações no cenário atual.

Vale destacar que os profissionais de marketing devem, invariavelmente, estar atentos ao contexto em que as empresas estão inseridas – em especial com relação às variáveis do macroambiente – pois elas podem afetar significativamente as estratégias de marketing e, consequentemente, os negócios de uma organização. Ter acesso a informações precisas e atualizadas sobre os ambientes demográfico, tecnológico, econômico, cultural, político-legal e natural é essencial para tentar reduzir ao máximo o impacto de possíveis ameaças, assim como possibilita aproveitar de maneira mais efetiva as oportunidades que surgirem. Também é preciso avaliar as variáveis controláveis, em que os profissionais de marketing podem ter um mínimo de controle, como decisões sobre produtos, contato com fornecedores e análise dos concorrentes.

Conforme ressaltamos, as empresas precisam estar legitimamente preparadas para os desafios futuros, os quais podem se transformar em grandes ameaças se elas não se anteciparem para as mudanças. O principal ponto de atenção é que o foco principal do marketing é satisfazer necessidades e desejos dos consumidores, pois o cliente é o início, o meio e o fim de toda organização.

Para alcançar essa satisfação, é essencial compreender profundamente o público-alvo por meio de pesquisas de mercado e coleta de dados. Proporcionar uma experiência positiva em todos os pontos de contato com a marca, estabelecer comunicação clara e transparente, personalizar produtos ou serviços de acordo com as preferências individuais e acompanhar o pós-venda são medidas fundamentais. Além disso, a busca pela melhoria contínua para atender às expectativas em constante evolução é indispensável. Ao priorizar essas estratégias e manter o cliente como prioridade, as organizações podem construir relacionamentos sólidos e duradouros, garantindo o sucesso e crescimento do negócio no competitivo cenário atual.

Estudo de caso

Uma das corporações mais reconhecidas do mundo, a The Coca-Cola Company, foi fundada em 1892 e está sediada em Atlanta. A empresa oferece mais de 500 marcas para pessoas em mais de 200 países e emprega mais de 700.000 pessoas em todo o mundo. Além das bebidas da Coca-Cola, algumas outras marcas líderes da empresa em todo o mundo incluem os sucos Minute Maid e bebidas esportivas Powerade, assim como os refrigerantes Sprite, Fanta e Kuat e os sucos Ades e Del Valle no Brasil.

A empresa construiu dezenas de aplicativos móveis, como o guia de mixologia Coca-Cola Freestyle para consumidores, o Coke Notify Service Request para varejistas e o Dasani Purefill, um aplicativo projetado para ajudar estudantes universitários a se manterem hidratados por meio de estações de autoatendimento.

Em todo o mundo, as pessoas consomem os produtos da Coca-Cola 1,7 bilhão de vezes por dia – cerca de 19.400 bebidas por segundo. Como muitas interações dos consumidores com a marca da empresa ocorrem em pontos de venda secundários, como supermercados e estádios, é particularmente valioso ter dados precisos que esclareçam os inúmeros desafios e oportunidades de marketing decorrentes de ser uma marca tão onipresente e multifacetada.

Seja otimizando seus próprios aplicativos, seja fazendo parceria com varejistas para otimizá-los, a Coca-Cola conta com a App Annie Intelligence para ajudá-la a entender o cenário digital por meio de dados acionáveis. Armada com base nos dados coletados via App Annie, a Coca-Cola pode obter a compreensão de praticamente tudo, desde a otimização de palavras-chave até esquemas de cores usados em capturas de tela e compras de mídia. Os dados da App Annie injetam ciência em uma variedade de estratégias de marketing.

Os dados do App Annie são a base do aprendizado profundo que impulsiona a Coca-Cola e seus clientes. "Podemos manifestar esse entendimento para fazer com que nossos clientes adicionem novos recursos que envolvam os consumidores, para impulsionar o engajamento em bases de usuários em aplicativos e até mesmo em coisas como obter a experiência perfeita de pedidos móveis em serviços de alimentação" (Data.AI, 2024), diz o diretor de marketing Daniel Chambers. Os dados de várias fontes podem ser usados em conjunto, de modo que a Coca-Cola e seus clientes possam gerar ótimas experiências para os consumidores e impulsionar o crescimento dos resultados em toda a rede de distribuição da empresa.

Chambers acredita que os dados e *insights* da App Annie são essenciais para manter a tradição de marketing de ponta Coca-Cola, que encanta os consumidores há gerações. "Com informações e dados do App Annie e a capacidade de trabalhar com os clientes da Coca-Cola, podemos mover o mercado para locais que surpreendam os consumidores e proporcionem experiências realmente excelentes – e, ao mesmo tempo, impulsionar o crescimento dos resultados" (Data.AI, 2024).

Fonte: Elaborado com base em Data.AI, 2024.

• •

O estudo de caso apresentado ilustra como uma das marcas mais reconhecidas globalmente utiliza dados e *insights* estratégicos para aprimorar suas iniciativas de marketing digital e melhorar a experiência do consumidor. A parceria com a App Annie permite à Coca-Cola entender profundamente o comportamento dos consumidores em seus diversos aplicativos, desde a otimização de funcionalidades até estratégias de engajamento e expansão de mercado. Ao integrar dados de várias fontes, a empresa não apenas fortalece sua posição no mercado, mas também cria oportunidades significativas para melhorar continuamente suas ofertas e proporcionar experiências excepcionais aos consumidores em escala global.

Questões para revisão

1. Os profissionais de marketing são responsáveis por gerenciar a demanda de determinado produto/serviço. Relacione os tipos de demanda com as respectivas caracteristicas:

    1. Demanda negativa
    2. Demanda inexistente
    3. Demanda latente
    4. Demanda em declínio
    5. Demanda irregular
    6. Demanda plena
    7. Demanda excessiva
    8. Demanda indesejada

    [ ] Quando a demanda diminui gradativamente com relação à demanda anterior. Por exemplo: número de fiéis na igreja, carros que consomem muito combustível etc.

    [ ] Quando as instituições estão satisfeitas com o volume movimentando seu negócio, ou seja, quando o volume de consumidores é satisfatório para a organização. Por exemplo: telefones celulares.

    [ ] Quando há sazonalidade na procura diária, mensal, semestral ou anual. Por exemplo: museus, cinemas, *shoppings* etc.

    [ ] O mercado, definitivamente, não aprecia o produto. Algumas pessoas até pagariam para não utilizá-lo. Por exemplo: vacinas, serviços odontológicos, vasectomias etc.

    [ ] Demanda caracterizada pelo excesso na procura. O volume de consumidores é sempre maior do que a empresa pode/deseja atender. Por exemplo: jogos de finais de campeonato, *shows* de artistas famosos etc.

    [ ] Os consumidores são, absolutamente, indiferentes ao produto/serviço. O mercado desconhece ou não se interessa por ele. Por exemplo: novos aplicativos, novas técnicas de produção/cultivo, curso de ioga etc.

( ) É toda a procura por produtos/serviços prejudiciais à saúde, à sociedade ou ao meio ambiente. Por exemplo: bebidas alcoólicas, cigarros, armas de fogo etc.

( ) Há uma forte vontade do mercado por determinado produto/serviço. Essa demanda também pode ser caracterizada quando muitos consumidores compartilham uma necessidade que nenhum produto equivalente é capaz de satisfazer plenamente. Por exemplo: edifícios mais seguros, carros mais econômicos etc.

Agora, assinale a alternativa que indica a sequência correta:

a. 8, 7, 5, 3, 2, 6, 4, 1.
b. 7, 2, 3, 5, 1, 4, 6, 8.
c. 7, 8, 3, 1, 5, 2, 6, 4.
d. 8, 4, 3, 2, 7, 1, 5, 6.
e. 8, 7, 3, 2, 5, 1, 4, 6.

2. Com base nos elementos que constituem o microambiente de uma empresa, assinale V para as afirmações verdadeiras e F para as falsas.

( ) Ambiente interno da empresa: áreas funcionais que têm um impacto sobre os planos e as ações do departamento de marketing – fornecedores, intermediários, clientes, concorrentes e públicos.

( ) Fornecedores: oferecem os recursos necessários para a empresa produzir seus bens e serviços e constituem um elo fundamental no sistema de entrega de valor para o cliente da empresa. Problemas com os fornecedores podem afetar seriamente o marketing.

( ) Intermediários: ajudam a empresa a promover, vender e distribuir seus bens para os compradores finais. Na busca pela satisfação nos relacionamentos com os clientes, as empresas devem fazer mais do que simplesmente otimizar seu

desempenho – devem firmar parcerias eficientes com os intermediários de marketing.
( ) Clientes: qualquer grupo que tenha um interesse atual ou potencial na organização ou que possa causar um impacto em sua capacidade de atingir seus objetivos.
( ) Concorrentes: a empresa deve oferecer mais valor e satisfação para seus clientes do que seus concorrentes. Não há uma estratégia de marketing competitiva ideal para todas as empresas. Cada uma deve considerar seu tamanho e sua posição no setor, comparando esses dados com os de seus concorrentes.
( ) Públicos: as empresas precisam estudar detalhadamente o mercado em que seus clientes se encontram. Há cinco tipos de mercados que compram bens e serviços da empresa: mercados consumidores, mercados de negócios, mercados de revendedores, mercados governamentais e mercados internacionais.

Agora, assinale a alternativa que indica a sequência correta:
a. F, V, V, V, V, F
b. F, V, V, F, V, F.
c. F, F, V, F, V, F.
d. F, V, V, F, V, V.
e. F, V, F, V, V, F.

3. No passado a demanda era maior que a oferta, e o mercado necessitava de uma diversidade maior de produtos. Com o passar do tempo, esse cenário se transformou. Explique por que, atualmente, as empresas investem em ações de marketing assertivas e efetivas com seus clientes.

4. Sobre o conceito de marketing, leia as afirmações a seguir e assinale a alternativa correta:

a. O bom marketing tem se tornado um ingrediente cada vez mais dispensável para o sucesso dos negócios.
b. O marketing é o departamento de uma empresa que é responsável por criar necessidades nos consumidores.
c. O marketing orienta as atividades de mercado voltadas ao atendimento das expectativas da empresa e dos clientes.
d. O marketing influencia os desejos dos consumidores do ponto de vista dos conceitos fundamentais de marketing em conjunto com outros fatores sociais.
e. Marketing é uma estratégia que eleva os custos operacionais da empresa.

5. Por que é tão importante, para o marketing, colocar o cliente no centro da experiência?

Questões para reflexão

1. O marketing do futuro será influenciado pelas novas gerações de consumidores, pelas ferramentas digitais disponíveis e pelas mídias utilizadas para divulgar os conteúdos e anúncios das marcas. Além disso, também é importante prestar atenção nas novas tecnologias, como o uso da inteligência artificial e das realidades aumentada e virtual; e a ampliação dos recursos e do acesso ao *big data* e à inteligência de dados. Considerando essas ideias, como você avalia o futuro do marketing para os próximos anos?

2. Para o marketing, é essencial proporcionar uma experiência positiva em todos os pontos de contato com a marca, estabelecer comunicação clara e transparente, assim como personalizar produtos ou serviços de acordo com as preferências individuais. Ao priorizar essas estratégias e manter o cliente como prioridade, as empresas podem construir relacionamentos duradouros, garantindo o sucesso e o crescimento do negócio no competitivo cenário atual. Com base nessa ideia, como você acredita

que o marketing pode garantir a satisfação dos consumidores ao colocá-los como ponto central de todas as estratégias e ações da empresa?

3. Imagine que você é responsável pelo marketing em uma grande empresa de refrigerantes e pretende lançar uma nova linha de bebidas voltada para crianças pequenas. Levando em consideração as informações apresentadas e o problema em questão, quais os tipos de informação você coletaria para tomar decisões acerca do produto e da estratégia de lançamento?

2 Análise de mercado

● Conteúdos do capítulo:

- Mercado-alvo.
- Segmentação e posicionamento.
- Serviços × produtos.
- Perfil do consumidor.
- Valor e satisfação.

● Após o estudo deste capítulo, você será capaz de:

1. compreender o conceito de *segmentação de mercado*;
2. definir o conceito de *posicionamento*;
3. estruturar uma estratégia de posicionamento;
4. definir o conceito de *nicho de mercado* e os processos de segmentação de mercado;
5. identificar a diferenciação entre produtos e serviços;
6. explicar os conceitos de *valor* e *satisfação dos clientes*.

Análise de mercado

As empresas precisam entender o mercado em que atuam para criar produtos e serviços que atendam às necessidades e aos desejos dos consumidores. Para isso, é preciso conhecer a fundo o perfil do consumidor, segmentar o mercado de maneira eficiente, posicionar a marca e oferecer valor e satisfação ao cliente.

Neste capítulo, exploraremos esses conceitos fundamentais do marketing, começando pela definição de *mercado-alvo*. Observaremos como as empresas escolhem um segmento específico do mercado para focar seus esforços de marketing e como isso pode influenciar o sucesso ou o fracasso de uma marca.

Em seguida, discutiremos a segmentação e o posicionamento de mercado, que são técnicas que permitem às empresas conhecer as necessidades e os desejos dos consumidores e desenvolver uma oferta de valor que se destaque em relação aos concorrentes. Indicaremos também como a segmentação pode ser feita por meio de diferentes critérios (demográficos, geográficos, comportamentais e psicográficos) e como o posicionamento é influenciado por fatores como preço, qualidade, inovação e imagem da marca.

Na sequência, abordaremos a diferença entre serviços e produtos, indicando como os serviços apresentam características únicas que exigem estratégias de marketing específicas. Discutiremos como a intangibilidade, a inseparabilidade, a variabilidade e a perecibilidade dos serviços afetam o modo como são comercializados pelas organizações e como criam valor para os clientes.

Em seguida, veremos como o perfil do consumidor é crucial para as empresas desenvolverem suas estratégias de marketing. Analisaremos como as características demográficas, psicográficas e comportamentais dos consumidores afetam suas decisões de compra e como as empresas podem usar essas informações para personalizar suas ofertas.

Por fim, trataremos dos conceitos de *valor* e *satisfação*, que são fundamentais para a fidelização dos clientes e para a construção de relacionamentos duradouros entre as empresas e seus consumidores. Demonstraremos como as organizações podem criar valor para os clientes por meio da oferta de benefícios tangíveis e intangíveis, e como a satisfação dos consumidores pode ser medida e gerenciada.

2.1
Mercado-alvo

O mercado costuma ser bastante heterogêneo, contando com uma infinidade de diferentes perfis de consumidores. Diante de tantas diferenças, é praticamente impossível tratar da mesma maneira todos os clientes. Dessa forma, uma das mais importantes tarefas do marketing é trabalhar os conceitos da segmentação.

Segmentar um mercado significa dividi-lo em partes menores, de modo que as características dos consumidores sejam mais similares para se conseguir direcionar de maneira mais precisa as estratégias de marketing. Ao se utilizar critérios de segmentação, é possível ter uma visão bem mais clara de quem é o público-alvo que precisa ser alcançado por meio das estratégias mercadológicas.

De acordo com Kotler e Keller (2012), um mercado pode ser definido em cinco níveis:

1. Mercado potencial: todos os consumidores que podem estar interessados em determinado produto ou serviço. Apesar de existirem consumidores que têm interesse, somente irá se caracterizar efetivamente como um mercado potencial se essas pessoas possuírem renda disponível e acesso a um produto ou serviço.
2. Mercado disponível: é a totalidade de um conjunto de consumidores que têm interesse, acesso e renda para serem os compradores de determinado produto ou serviço.
3. Mercado qualificado disponível: nesse caso, é o mesmo que *mercado disponível*, embora os consumidores, além de interesse, acesso e renda, apresentem os requisitos necessários para comprar

um produto ou serviço. Por exemplo: bebidas alcóolicas só podem ser vendidas para maiores de 18 anos; logo, existe um mercado disponível, mas o mercado qualificado será de adultos acima da idade mínima permitida, ou seja, 18 anos ou mais.

4. Mercado atendido ou mercado-alvo: é o recorte do público disponível e qualificado a que uma marca decide dedicar seus esforços de marketing.
5. Mercado penetrado: é o volume de consumidores que já compraram o produto ou serviço da empresa.

Para os profissionais de marketing, é bastante relevante entender essa classificação de mercado para a elaboração de um planejamento de marketing mais assertivo. Se uma empresa não estiver satisfeita com as vendas atuais, é importante buscar um número maior de compradores do mercado-alvo, ou corre-se o risco de diminuir a oportunidade para os compradores potenciais. Também é possível ampliar o volume de interessados do mercado disponível, oferecendo produtos e/ou serviços em novos canais de distribuição ou com preços mais baixos, por exemplo.

Além desses conceitos, é importante também compreender como ocorre a mensuração de demanda em um mercado-alvo, conforme veremos a seguir.

2.1.1 Demanda de mercado

A demanda de mercado de um produto ou serviço é o volume total que pode ser comprado por um grupo de consumidores, levando em conta uma área geográfica e um período de tempo definido. Não pode ser definida por um número fixo, pois depende de condições determinadas para que possa ser calculada. Por esse motivo, costuma ser chamada de *função de demanda de mercado* (Kotler; Keller, 2012).

A Figura 2.1 apresenta a relação entre a demanda total de mercado e as despesas do setor de marketing.

Figura 2.1 – Função de demanda de mercado[1]

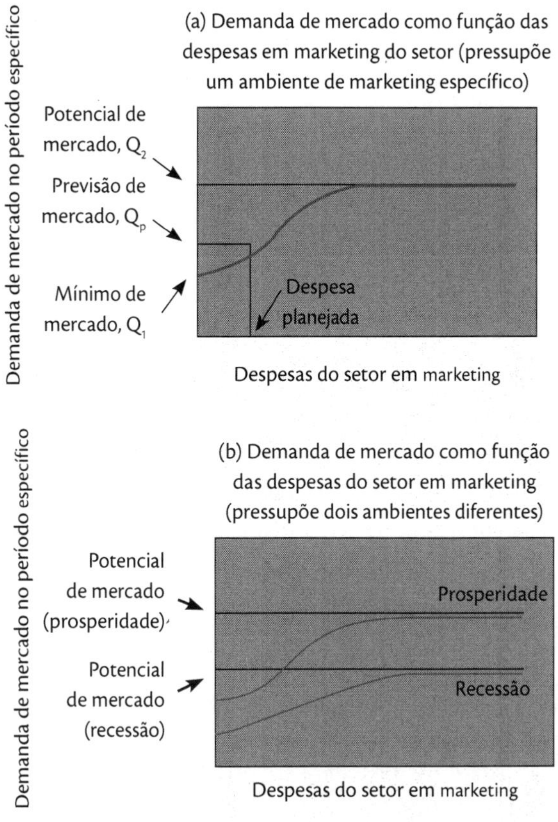

(a) Demanda de mercado como função das despesas em marketing do setor (pressupõe um ambiente de marketing específico)

Demanda de mercado no período específico

- Potencial de mercado, Q_2
- Previsão de mercado, Q_p
- Mínimo de mercado, Q_1
- Despesa planejada

Despesas do setor em marketing

(b) Demanda de mercado como função das despesas do setor em marketing (pressupõe dois ambientes diferentes)

Demanda de mercado no período específico

- Potencial de mercado (prosperidade)
- Potencial de mercado (recessão)
- Prosperidade
- Recessão

Despesas do setor em marketing

Fonte: Kotler; Keller, 2012, p. 88.

[1] "Algumas vendas básicas – denominadas *mínimo de mercado* e indicadas por Q1 na figura – ocorreriam sem nenhuma despesa estimuladora de demanda. Níveis mais elevados de despesas de marketing renderiam níveis mais altos de demanda, inicialmente a uma taxa crescente e depois a uma taxa decrescente. Tomemos o caso dos sucos de frutas. Tendo em vista a concorrência indireta que enfrentam de outros tipos de bebida, seria de se esperar que despesas maiores de marketing ajudassem esses produtos a se destacar e elevassem a demanda e as vendas. Despesas de marketing acima de determinado nível não estimulariam muita demanda adicional, sugerindo um limite superior para a demanda de mercado, denominado *potencial de mercado* e indicado por Q2 na figura" (Kotler; Keller, 2012, p. 88).

Dessa maneira, é possível perceber que a diferença entre o mínimo de mercado e o potencial do mercado apresenta a sensibilidade da demanda de mercado geral. Assim, podemos definir dois tipos de mercado: o expansível e não expansível. Um mercado expansível, como o de cervejas, tem seu potencial de mercado e tamanho total fortemente influenciados pelos investimentos do setor de marketing.

O conceito de mercado expansível refere-se a um cenário em que existe um potencial significativo para o aumento do consumo de determinados produtos ou serviços. Nesse tipo de mercado, há espaço para o crescimento das vendas, seja pela entrada de novos consumidores, seja pelo aumento do consumo dos clientes existentes (Kotler; Keller, 2012). Um exemplo é o mercado de *smartphones*. Com o avanço da tecnologia, novos recursos e funcionalidades são constantemente adicionados aos *smartphones*, atraindo mais consumidores e incentivando aqueles que já têm um aparelho a trocarem por modelos mais modernos. Isso gera um ciclo de expansão contínua do mercado, impulsionado pela busca constante por inovação e melhorias.

Por outro lado, o conceito de mercado não expansível se refere a um cenário em que o potencial de crescimento é limitado em virtude da saturação do mercado, do alcance máximo dos consumidores ou da falta de demanda adicional por determinado produto ou serviço (Kotler; Keller, 2012). Um exemplo é o setor de combustíveis. Nesse caso, a demanda por combustíveis está diretamente ligada à quantidade de veículos em circulação e ao crescimento populacional. Uma vez que o número de veículos e a população atingem um limite, a demanda por combustíveis não apresenta um crescimento significativo, tornando o mercado não expansível.

Outro ponto importante é a comparação do nível potencial de demanda com o nível atual de demanda do mercado. De acordo com Kotler e Keller (2012), essa diferença é chamada de *índice de penetração de mercado*. Para os autores, um índice de penetração baixo indica o potencial de crescimento disponível para todas as organizações e que uma empresa pode expandir sua participação de mercado. Por outro lado, se o índice de penetração for alto, isso indica que será preciso aumentar substancialmente os investimentos em marketing para atrair os poucos clientes potenciais restantes.

2.1.2 Potencial de mercado

O potencial de mercado trata do limite em que se aproxima a demanda de mercado em função dos investimentos em marketing. É fortemente dependente do contexto do ambiente de mercado. Por exemplo, o potencial de mercado do segmento de automóveis costuma ser maior quando as pessoas têm dinheiro e acaba sendo reduzido em períodos de recessão.

As empresas que buscam ampliar seu potencial de mercado avaliam de maneira considerável o índice de penetração de seus produtos, que nada mais é do que o percentual de posse ou de utilização de um produto ou serviço pela sociedade. Quanto menor for o percentual de penetração do produto, maior será o potencial de mercado, caso os consumidores potenciais de determinado produto estejam efetivamente ativos no mercado. Conforme demonstrado na Figura 2.1, Kotler e Keller (2012) também apresentam dois potenciais de mercado: prosperidade e recessão.

O potencial de mercado prosperidade refere-se a um cenário econômico favorável, no qual a demanda por produtos ou serviços tende a aumentar em razão de um crescimento econômico sólido e de uma melhoria geral nas condições financeiras dos consumidores. Nesse contexto, as empresas têm maior oportunidade de crescimento e expansão, pois os consumidores tendem a gastar mais e estão dispostos a investir em produtos e serviços de maior valor agregado. A análise do potencial de mercado prosperidade pode orientar estratégias de marketing voltadas ao crescimento da participação de mercado, ao desenvolvimento de novos produtos e à exploração de oportunidades de mercado emergentes.

Por outro lado, o potencial de mercado recessão é caracterizado por um cenário econômico desafiador, com desaceleração do crescimento econômico, aumento do desemprego e redução da demanda dos consumidores. Nessa situação, as empresas enfrentam maior concorrência por uma fatia menor do mercado e podem enfrentar dificuldades para manter seus níveis de vendas e lucratividade. A análise desse potencial de mercado é essencial para identificar possíveis ameaças e vulnerabilidades no mercado, permitindo que as empresas ajustem suas estratégias para enfrentar a adversidade econômica. Nesse contexto, ações como a redefinição de preços, o foco na redução de custos operacionais e a oferta de promoções podem ser adotadas para manter a competitividade e garantir a sustentabilidade do negócio.

Ambos os conceitos são relevantes para que as empresas compreendam o cenário econômico em que estão inseridas e possam adaptar suas estratégias de marketing de acordo com as condições do mercado. A análise cuidadosa dos potenciais de mercado permite que as empresas maximizem oportunidades e minimizem riscos, tornando-se mais resilientes e bem-sucedidas em um ambiente de negócios dinâmico e em constante mudança.

2.2 Segmentação de mercado

Uma empresa dificilmente consegue atender a todos os clientes do mercado, seja por não ter condições de produção suficiente, seja por não conseguir distribuir seus produtos em todos os locais, seja, ainda, porque nem todas as pessoas têm interesse em seus produtos.

Diante desse contexto, é possível dividir o mercado em grupos de consumidores com necessidades e desejos os mais similares possíveis, os quais são chamados de *segmentos*. Assim, uma empresa necessita identificar os segmentos de mercado em que tem interesse de atender com eficiência, mediante a compreensão do comportamento dos consumidores e um diagnóstico estratégico bastante profundo. Essa análise criteriosa permite traçar o perfil do público-alvo, o que contribui para a organização determinar seu posicionamento, algo essencial para que a instituição alinhe de maneira assertiva a linha de comunicação que terá com seu segmento de mercado.

Como os mercados costumam ser bastante amplos, é muito difícil que sejam atendidos de uma mesma maneira e que todos os consumidores fiquem satisfeitos igualmente. Portanto, segmentar o mercado é imperativo para que sejam identificadas as principais características do mercado-alvo para, assim, focar nos melhores canais de distribuição e nas decisões e nos alinhamentos das ações de comunicação.

Para se aproximar de modo eficaz dos consumidores que interessam para a empresa, os profissionais de marketing buscam dividir os mercados em grupos menores e trabalham com um conjunto de estratégias de marketing específicas para cada segmento.

Como é possível perceber, segmentar o mercado significa identificar um conjunto de consumidores que apresentem características similares e que contribuam para direcionar os esforços de maneira a reduzir as diferenças que existem no mercado, facilitando o alinhamento de interesses da empresa com o dos consumidores.

Um exemplo clássico quando se fala em segmentação de mercado é a produção dos modelos Ford T, no início da Revolução Industrial, mencionado no capítulo anterior. Henry Ford alegava que todo mundo poderia ter o carro da cor que quisesse, desde que fosse preto, pois ele acreditava que não havia preferências específicas entre as pessoas que compravam seus carros e que todos queriam que o modelo fosse preto. O grande erro de Henry Ford foi não levar em consideração os interesses diferentes das pessoas, fato que a maior concorrente na época, a General Motors (GM), ponderou, passando a fabricar carros de diversas cores, o que levou a empresa à liderança de mercado exatamente por entender a variabilidade que existia entre os gostos dos consumidores (Las Casas, 2019).

Obviamente, não existiria necessidade de subdividir o mercado se todas as pessoas pensassem de maneira igual, inclusive isso seria muito mais econômico para as empresas, pois com apenas uma única estratégia de marketing seria possível alcançar todo o público-alvo. Porém, como as características, os interesses, as preferências e os gostos dos consumidores são completamente diversificados, com apenas uma estratégia é praticamente impossível alcançar bons resultados.

A segmentação busca definir um conjunto de consumidores que tenham características, gostos, preferências e interesses de consumo semelhantes. Para isso, podemos subdividir o mercado em grupos cada vez menores, de modo a facilitar consideravelmente os esforços de marketing.

Desse modo, para Filleti (2023), é possível subdividir o mercado da seguinte forma:

- Mercado: grupo de pessoas que têm características e interesses comuns. É o chamado *total available market* (TAM) ou *mercado-alvo*. Por exemplo: o mercado total de um hospital pode ser todos os beneficiários de planos de saúde credenciados pela organização. Porém, muitas vezes, o hospital não sabe efetivamente o número de beneficiários que estão credenciados para o plano que ela contratou com a operadora, por isso, definimos esse público como mercado-alvo e/ou mercado total visado pela empresa.
- Segmento: grupo mais amplo de consumidores que apresenta interesses comuns de consumo. Esse grupo é denominado *service available market* (SAM), *mercado endereçável* ou *mercado disponível*. Trata-se da parte do mercado-alvo que a empresa verdadeiramente tem capacidade para atender. Mantendo o hospital

como exemplo, podemos considerar o SAM como o número de beneficiários dos planos de saúde contratados que estão na área de abrangência geográfica da instituição, levando em conta, também, a estrutura de atendimento do hospital.

É importante destacar que os segmentos de mercado não são criados, mas identificados, pois são os consumidores que têm interesse em algo, e não as empresas que definem o que as pessoas gostam e buscam consumir. Assim, é preciso um olhar bastante atento e uma profunda análise do ambiente de marketing e do comportamento dos consumidores para detectar um segmento de mercado abrangente e específico.

Além disso, quem define em qual segmento de mercado a empresa concentrará seus esforços é a estratégia de marketing, pois será com base nela que a organização direcionará seus produtos e serviços aos grupos de consumidores que visa investir.

Por fim, quanto mais claro e objetivo forem os esforços em atender determinado segmento, mais fácil será planejar as estratégias de marketing e definir as estratégias de preço, divulgação e distribuição, além de ser possível analisar a concorrência com profundidade.

Com relação aos nichos, trata-se grupos de consumidores cada vez menores, cujas características e interesses comuns aparecem com maior grau de semelhança. Um nicho também é chamado de *service obtainable market* (SOM) ou *mercado acessível*, ou seja, é a fatia do SAM que realmente interessa para a empresa. O SOM ajuda a filtrar ainda mais as opções para especificar o nicho de mercado a ser explorado. Seguindo com o exemplo hospitalar, o mercado acessível e/ou nicho seria buscar, entre o número de beneficiários credenciados e na área geográfica da organização, determinado gênero, faixa etária e tipo de plano que a empresa tem preferência em atender (Filleti, 2023).

Nichos são grandes oportunidades de mercado, pois esse conjunto de consumidores procura um *mix* de benefícios específico e, consequentemente, amplia o potencial para crescer e gerar lucros maiores. Estudos da American Marketing Association (AMA, 2022) evidenciam que um produto de nicho chega a custar 30% mais do que um produto generalista.

Visto que é possível subdividir o mercado em grupos ainda menores e mais específicos de consumidores, quase personalizando produtos e serviços, as estratégias de marketing podem ser customizadas, muitas vezes sendo pensadas em função do local – áreas comerciais, lojas, bairros, produtos especiais etc.

A Figura 2.2 demonstra como segmentar o mercado, inicialmente o mais abrangente, o TAM, no qual as estratégias são de marketing de massa e não há distinção de mercado. Posteriormente, o processo de segmentação se torna mais específico (SAM) e, a partir dele, passa-se a buscar um nicho (SOM). Como dito anteriormente, é possível dar continuidade ao processo, com foco na personalização ou na customização massificada, possibilitando a personalização de produtos por meio de modelos predefinidos, como no caso de carros que o cliente pode montar de acordo com suas preferências por acessórios disponibilizados pelas concessionárias.

Figura 2.2 – Segmentação de mercado

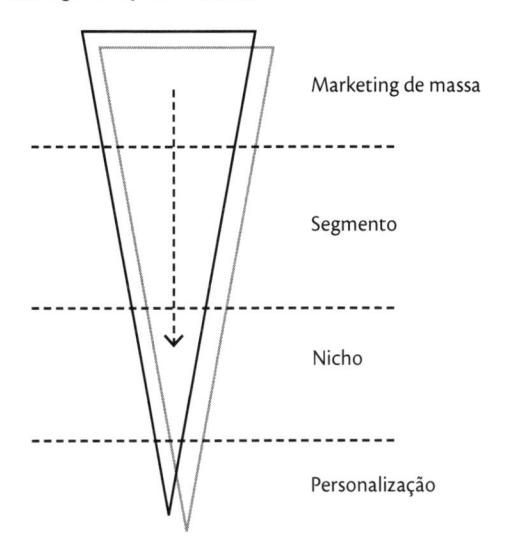

- Marketing de massa
- Segmento
- Nicho
- Personalização

Fonte: Elaborado com base em Kotler; Keller, 2012.

Para segmentar o mercado, é preciso ter em mente que nem sempre uma estratégia de segmentação é necessária. Consumidores de sal, por exemplo, até poderiam ser divididos em jovens e adultos, ou adultos e idosos, por exemplo, mas a faixa etária é praticamente irrelevante quando se pensa na compra dessa mercadoria. Esse mercado em específico, do ponto de vista do marketing, é minimamente segmentável e não vale o esforço para direcionar algo específico.

Por isso, deve-se levar em conta alguns critérios para que os segmentos sejam viáveis e interessantes para uma empresa dedicar seus esforços de marketing. Confira-os a seguir:

- Mensurabilidade: é preciso avaliar se o tamanho, o poder de compra e as características dos segmentos podem ser mensurados. Por exemplo: no Brasil, 51,1% da população é composta por mulheres (IBGE, 2022).

- **Acessibilidade**: se o segmento a ser trabalhado pode ser efetivamente alcançado e atendido. Por exemplo: uma marca de cervejas pode querer atender ao público masculino que frequenta bares só às quartas-feiras a partir das 19h37min. Nesse caso, é preciso avaliar a logística e os processos para conseguir encontrar os homens que vão ao bar somente às quartas e entram exatamente às 19h37min. Podem até existir, mas será bastante complexo de atingi-los.
- **Substancialidade**: o segmento deve ser lucrativo o suficiente para que valham a pena os investimentos de marketing. Por exemplo: um fabricante de produtos de higiene pessoal pode lançar um brilho labial sabor bacon. Muitas pessoas amam bacon, mas será que iriam gostar e comprariam um batom com esse sabor?
- **Diferenciação**: um segmento deve ser distinto de qualquer outro, assim como as estratégias de marketing também devem ser diferentes para cada segmento trabalhado por uma empresa. Por exemplo: apesar de muitas mulheres comprarem perfumes, uma mulher de 30 anos pode buscar um perfume mais arrojado do que uma senhora de 70 anos; logo, os segmentos se diferenciam entre si.

Assim, quando uma empresa começa a definir os segmentos de mercado que tem interesse em atingir, é preciso que se verifiquem dois pontos principais:

1. **Atratividade do segmento**: a empresa precisa verificar se o segmento de interesse atende aos critérios apresentados anteriormente (mensurabilidade, substancialidade, diferenciação e acessibilidade).
2. **Objetivos e recursos da empresa**: é preciso avaliar se o investimento estimado de marketing condiz com os objetivos estratégicos da empresa e com os recursos de produção, distribuição e comercialização.

Para segmentar o mercado, os profissionais de marketing utilizam alguns critérios para classificar as variáveis que ajudam a agrupar e constituir os segmentos. Essas variáveis podem ser demográficas, geográficas, comportamentais e/ou psicográficas. Comumente, a formação de segmentos acontece mediante a combinação de características de cada uma dessas variáveis: quanto maior o número de particularidades avaliadas, menor será o segmento, chegando-se a classificá-los como nichos ou grupos personificados, como visto anteriormente.

2.2.1 Segmentação demográfica

Na segmentação demográfica, o mercado é dividido com base em variáveis relativas às características da população, como faixa etária, gênero, renda e ocupação. Trata-se da maneira de dividir o mercado mais popular, visto que essas informações são facilmente encontradas tanto em órgãos governamentais quanto em institutos de pesquisa, os quais compõem a base do censo do Instituto Brasileiro de Geografia e Estatística (IBGE). Também são características fáceis de serem mensuradas, além de serem bastante abrangentes.

Faixa etária

- Nessa variável, é preciso levar em conta que os interesses dos consumidores variam de acordo com a idade. Costuma ser a forma mais comum e simples de segmentar o mercado. Algumas marcas de brinquedos e de roupas utilizam a idade como base para seus produtos, como no caso das roupas para bebê de 3 a 6 meses ou de 1 a 2 anos, ou do setor de brinquedos, como a Lego. Muitos brinquedos indicam em suas embalagens a faixa etária mínima para que as crianças aproveitem a brincadeira da melhor maneira, como ilustra a Figura 2.3.

Figura 2.3 – Lego e seus produtos com foco por idade

Las Casas (2019) apresenta um estudo de Arens e Bovée (1994) no qual são definidas nomenclaturas para determinadas faixas etárias que facilitam os direcionamentos da segmentação demográfica com base nesse critério, conforme indicado na Tabela 2.1.

Tabela 2.1 – Faixas etárias

Idade	Nome do grupo etário
0 a 5 anos	Crianças novas
6 a 15 anos	Crianças em idade escolar
15 a 19 anos	Adolescentes
20 a 34 anos	Jovens adultos
35 a 49 anos	Adultos
50 a 64 anos	Meia-idade
acima de 65 anos	*Sêniores* ou idosos

Fonte: Elaborado com base em Las Casas, 2019.

O mercado e os profissionais de marketing também costumam utilizar o conceito de *gerações* para classificar os consumidores com relação à faixa etária. Nesse momento, não discutiremos as questões comportamentais dessas gerações, apenas destacaremos alguns detalhes que as identificam.

- Baby boomers: nascidos entre 1945 e 1964, trata-se da população acima dos 60 anos. São chamados de *baby boomers* em virtude da explosão populacional causada no pós-guerra, quando os soldados voltaram para casa e puderam finalmente constituir suas famílias.
- Geração X: nascidos entre 1965 e 1984, foram a primeira geração a ter acesso à tecnologia (internet e telefonia celular), embora tenham precisado aprender a utilizar e a se adaptar a esses recursos. São uma geração bastante tradicional e conservadora.
- Geração Y: nascidos entre 1985 e 1999, essa geração, também conhecida como *millenials*, foi fortemente influenciada pela tecnologia. Costumam ser mais abertos às mudanças.
- Geração Z: nascidos a partir dos anos 2000, trata-se da geração que nasceu conectada. É a mais multitarefas de todas.

Dando continuidade às variáveis de segmentação demográfica, além da faixa etária, que acabamos de apresentar, devem ser avaliados os itens indicados a seguir.

Gênero

Pessoas de gêneros diferentes costumam ter comportamentos distintos. No passado, a segmentação era focada apenas nos sexos masculino e feminino, mas com a evolução da sociedade em termos culturais, agora os profissionais de marketing buscam incluir em suas análises o direcionamento de pessoas LGBTQIA+[2], sigla que identifica diferentes orientações

---

2 Abreviação para lésbicas, *gays*, bissexuais, transgêneros, *queers*, intersexuais, assexuais, entre outros.

sexuais e identidades de gênero. A indústria de perfumes utiliza o gênero como foco principal de suas linhas, com perfumes destinados às mulheres, aos masculinos e também unissex.

Ocupação

Essa variável trata das atividades profissionais dos indivíduos, considerando que certas categorias de trabalhadores têm características bastantes peculiares e que são importantes quando se pensa em segmentação. Um médico cardiologista provavelmente tem interesses de consumo bastante distintos de um engenheiro mecânico, por exemplo.

Renda

Esse fator se refere à renda das pessoas, ou seja, o potencial de consumo das famílias, tendo-se como base de verificação o salário mínimo. Dessa forma, pode-se avaliar o potencial de dinheiro disponível. Normalmente, esse tipo de informação é pesquisada buscando-se verificar se a renda familiar é abaixo de 2 salários mínimos, entre 2 e 5 salários mínimos, entre 6 e 10 salários mínimos ou de mais de 10 salários mínimos. Logo, algumas empresas costumam utilizar a renda como maneira de destinar seus produtos, como no caso das Casas Bahia, grande varejista do setor de móveis e eletrodomésticos, que utiliza o crédito como atrativo para vender produtos a um público que tem uma renda mais baixa.

Escolaridade

Nessa variável são analisados os fatores relativos ao nível de instrução e grau de escolaridade das pessoas, levando-se em consideração desde analfabetos até indivíduos com pós-graduação. Um jovem que acaba de terminar o Ensino Médio automaticamente se torna público-alvo das universidades, que buscam captar seu interesse para que estude em um de seus cursos.

Ciclo familiar

Nessa variável, os profissionais de marketing buscam compreender as diferentes fases da vida das pessoas e, consequentemente, o que consomem em fases distintas. Um jovem adulto que está pensando em casar tem seus interesses e necessidades direcionados, geralmente, à compra de móveis e da casa própria. Alguém que acabou de se divorciar também pode estar procurando uma casa nova, porém para viver sozinho, com menor preocupação com espaço interno.

Etnia e cultura

Essa variável busca reconhecer que diferentes grupos étnicos têm interesses diferentes em razão da diversidade cultural. O McDonald's, por exemplo, comercializa produtos especiais em alguns países, visando atender à cultura local, como o Mc Egg, na Índia, sanduíche com ovo para quem não come carne; o Mc Marins, em Portugal, com pedaços de bacalhau empanados que substituem os *nuggets* no Mc Lanche Feliz; ou, ainda, o Signature Huevo Benedictine, servido no Mc Donald's Espanha.

Em síntese, a segmentação demográfica divide o mercado em grupos com base em características demográficas, como idade, gênero, renda e educação.

O próximo elemento fundamental na estratégia de segmentação é a segmentação geográfica. Ao passo que a segmentação demográfica fornece informações valiosas sobre quem são os consumidores, a segmentação geográfica visa compreender onde eles estão localizados geograficamente, como veremos a seguir.

2.2.2 Segmentação geográfica

A segmentação geográfica considera que a localização dos indivíduos interfere na forma como vivem e interagem com os outros, sendo influenciados por características específicas dos estados, das regiões, das cidades ou dos bairros onde vivem, assim como pelo clima local.

○ Análise de mercado

Os consumidores do Nordeste do Brasil, uma região mais quente, costumam ter hábitos diferentes dos consumidores da região Sul, uma área mais fria do país. As pessoas do Sul, em razão inverno, têm o hábito de comprar roupas mais pesadas e de lã, ao passo que, no Nordeste, por conta do calor, as escolhas são por roupas mais leves. Também existem diferenças quanto à alimentação: o Nordeste consome um volume de peixes e frutos do mar muito maior do que o Sul, que prefere um bom churrasco.

Muitas vezes, essas diferenças ocorrem até mesmo entre bairros. Por exemplo, um morador do bairro da Liberdade, em São Paulo, sofre grande influência da cultura nipônica, e um morador do bairro da Mooca percebe a predominância da cultura italiana.

A seguir serão destacados os fatores e as variáveis comumente trabalhados na segmentação geográfica:

- **Clima**: nessa variável, é preciso levar em conta o quanto as variações climáticas interferem nos hábitos de consumo das pessoas. Curitiba, uma cidade que costuma ter temperaturas mais baixas e muita incidência de chuvas, terá um número de bares e restaurantes com área externa ou aberta muito menor do que a cidade de Campinas, por exemplo, onde as temperaturas costumam ser mais altas.
- **Regionalização**: esse fator se refere à área e à abrangência geográfica propriamente ditas – local, nacional, internacional; cidades, bairros, regiões, estados, países. Uma padaria é um empreendimento extremamente local, com foco nas pessoas, no máximo, a 1 km de distância, por exemplo. Já a Coca-Cola é uma marca mundial, presente em praticamente todos os países do mundo, em toda sua abrangência geográfica de distribuição.
- **Concentração**: essa variável analisa a distribuição e a densidade populacional entre capitais e regiões metropolitanas, bem como

entre área rural e urbana, considerando-se que existem necessidades e interesses específicos entre grupos que vivem em áreas diferentes.

Com relação à segmentação geográfica, vale destacar uma área recente de estudo: o *geomarketing*. Trata-se do estudo das relações estratégicas das marcas com o território que a empresa se localiza. Com o crescimento do uso estratégico do *big data*, o vasto volume de dados que são gerados e coletados por empresas e organizações podem ser analisados para a obtenção de informações relevantes para a tomada de decisões estratégicas, que, dessa forma, ampliam as oportunidades de uso das estratégias de *geomarketing*.

Com o *geomarketing*, é possível examinar mapas geográficos carregados de dados sobre o mercado, o que permite uma maior compreensão e decisão estratégica sobre as regiões onde uma empresa pode expandir seus negócios, seja por concentração de pessoas, seja por área de maior circulação de veículos, seja pela análise das melhores áreas de venda de determinados produtos ou serviços, por exemplo.

2.2.3 Segmentação psicográfica

A segmentação psicográfica busca compreender os hábitos dos consumidores a partir de traços de personalidade, estilo de vida, classe social e valores. Vale destacar que pessoas de um mesmo grupo social podem ter diferentes perfis psicográficos, pois trata-se de uma variável que depende de contextos culturais e econômicos e de hábitos de consumo.

Quando o foco é analisar os traços de personalidade, os profissionais de marketing avaliam a forma como os indivíduos são – por exemplo, extrovertidos, conservadores, ambiciosos ou reservados. Já quando o foco é o estilo de vida, a análise se volta para o que as pessoas optaram em ser, como vegetariano, esportista, ambientalista, surfista ou hippie, por exemplo.

Um dos modelos mais tradicionais utilizados para classificar a segmentação psicográfica, analisando em conjunto os traços de personalidade e o estilo de vida, é o sistema VALS[3] da Strategic Business Insight (2022), que qualifica, mediante uma pesquisa sobre atitudes de consumo, os consumidores em oito grupos distintos.

A Figura 2.4 apresenta o quadro de segmentação VALS, destacando as motivações dos consumidores no eixo horizontal e os recursos dos consumidores, no eixo vertical. A proposta do VALS é que os consumidores sejam afetados por uma de três principais motivações: princípios, realizações e autoexpressão. As pessoas motivadas por princípios são orientadas por ideias e conhecimento. Aqueles motivados pelas realizações procuram demonstrar sucesso por meio dos produtos que consomem. E os consumidores motivados pela autoexpressão buscam atividades sociais e físicas.

> Nos Estados Unidos, [...] o VALS classifica todos os adultos norte-americanos em oito grupos com base na análise das respostas a um questionário com quatro perguntas de cunho demográfico e 35 de cunho atitudinal. O sistema VALS é atualizado continuamente com dados novos de mais de 80 mil levantamentos por ano. (Kotler; Keller, 2012, p. 240)

---

3 *Values and Lifestyle Survey* (VALS)..

Figura 2.4 – Segmentação psicográfica – VALS

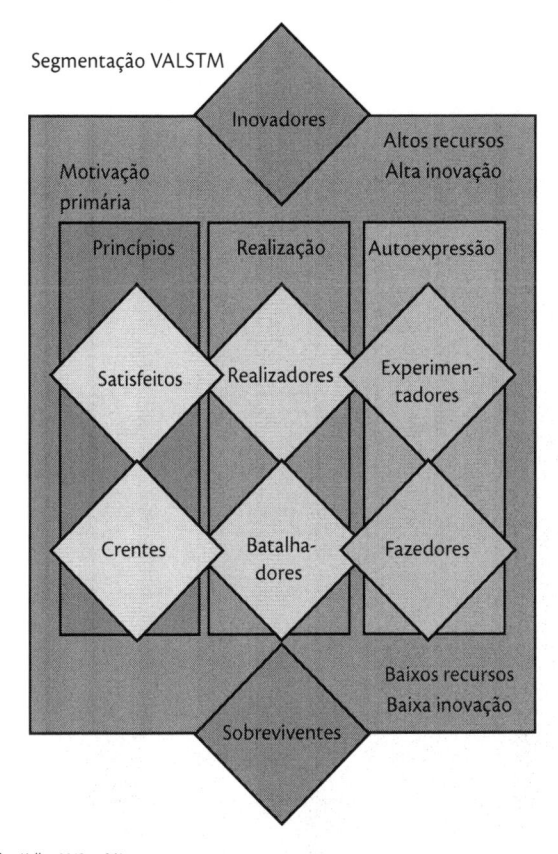

Segmentação VALS™

Motivação primária

Inovadores

Altos recursos
Alta inovação

Princípios | Realização | Autoexpressão

Satisfeitos | Realizadores | Experimentadores

Crentes | Batalhadores | Fazedores

Baixos recursos
Baixa inovação

Sobreviventes

Fonte: Kotler; Keller, 2012, p. 241.

Kotler e Keller (2012, p. 240-241) apresentam as características da classificação VALS:

> 1) Inovadores – são conhecidos por abraçar a inovação tecnológica e adotar novas tendências rapidamente. Eles estão constantemente conectados às redes sociais e procuram por experiências únicas e emocionantes. São criativos, ambiciosos e têm uma mentalidade empreendedora, buscando constantemente novas oportunidades e ideias disruptivas.

2) Satisfeitos – são pessoas mais maduras, tranquilas e contentes com suas vidas. Eles valorizam a estabilidade, a família e a comunidade, buscando produtos e serviços que reflitam seu estilo de vida equilibrado e responsável.

3) Realizadores – pessoas com uma forte orientação para o sucesso profissional, mas que também valorizam uma vida equilibrada e significativa. Buscam não apenas o sucesso financeiro, mas também uma carreira que esteja alinhada com seus valores e propósitos. Além disso, priorizam o equilíbrio entre o trabalho e a vida pessoal, valorizando o tempo dedicado à família, ao lazer e ao bem-estar.

4) Experimentadores – são altamente conectados à tecnologia e estão constantemente em busca de novas tendências, produtos e serviços inovadores. Eles são abertos a riscos e têm uma mentalidade exploratória, buscando experiências únicas e emocionantes. Valorizam a autenticidade e a individualidade. Eles preferem produtos e serviços personalizados que reflitam sua identidade e estilo de vida específicos.

5) Crentes – são mais conservadores em suas escolhas de produtos e serviços, preferindo marcas reconhecidas e confiáveis. No entanto, também estão mais abertos a abraçar novas tecnologias e inovações, desde que sejam alinhadas aos seus valores e princípios tradicionais. Tendem a ser mais conscientes socialmente, valorizando a responsabilidade corporativa e ambiental. Buscam empresas e marcas que demonstrem compromisso com a sustentabilidade e responsabilidade social, tornando-se mais seletivos em suas escolhas.

6) Batalhadores – são conhecidos por sua confiança e perseverança diante das adversidades, buscando produtos e serviços que atendam às suas necessidades essenciais de forma prática e eficiente. Valorizam a relação custo-benefício e

tendem a ser mais seletivos em suas escolhas, priorizando produtos que ofereçam qualidade e durabilidade a preços acessíveis.

7) Fazedores – pessoas que demonstram confiança e perseverança diante das adversidades, mas com nuances adicionais em suas preferências e comportamentos. São conhecidos por sua abordagem prática e determinação em realizar suas tarefas e metas. São pessoas ativas, que valorizam o trabalho árduo e a dedicação para alcançar seus objetivos.

8) Sobreviventes – pessoas que enfrentam dificuldades financeiras e buscam produtos de necessidade básica a preços acessíveis, mas também apresentam mudanças em suas preferências e comportamentos. São conhecidos por sua resiliência e adaptabilidade diante das adversidades econômicas e sociais. São consumidores conscientes, que valorizam a durabilidade, a qualidade e o custo-benefício em suas escolhas de produtos e serviços.

O método VALS é uma boa maneira de analisar o perfil de personalidade dos consumidores, pois costuma ser bastante difícil decifrar a individualidade de cada um. Essa metodologia é muito usual, assim como a determinação das personas, tema que será tratado futuramente, para definição da segmentação psicográfica. Desse modo, os profissionais de marketing podem criar estratégias específicas para incentivar os consumidores mais tradicionalistas, como no caso dos sobreviventes, a experimentarem novos produtos, ou a agregar valor a produtos e serviços que sejam vistos como mais qualificados para atender aos consumidores que respondem às características batalhadoras, por exemplo.

Outra forma de se analisar os traços de personalidade é utilizar a régua de aceitação da inovação, conforme apresentado na Figura 2.5, que demonstra o tempo que as pessoas demoram para aceitar algum produto ou serviço inovador em seu dia a dia de consumo.

Figura 2.5 – Curva de adoção da inovação

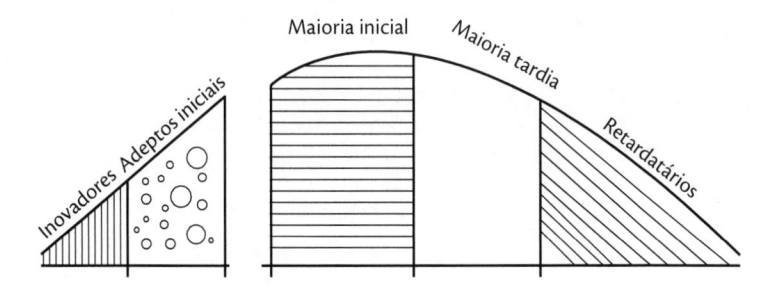

Fonte: Elaborado com base em Rogers, 2003.

Nessa lógica da curva de adoção da inovação, Rogers (2003) apresenta as características de cada traço de personalidade:

- **Inovadores**: são os consumidores experimentadores e que costumam assumir riscos, já que, por serem pioneiros, muitas vezes correm o risco de consumir algo que não seja o que esperam. Embora sejam aqueles que iniciam o consumo de algo inovador, não são grandes formadores de opinião, não raro apenas disseminando informações sobre o produto ou serviço entre familiares e amigos. Um bom exemplo dessa categoria são as pessoas que ficam na fila por dias aguardando o lançamento de um novo modelo de iPhone.
- **Adotantes iniciais**: são os consumidores considerados o mercado inicial. São grandes disseminadores de informações sobre o produto ou serviço, pois são respeitados e são grandes formadores de opinião. Muitos deles são influenciadores digitais, com grande número de seguidores, o que aumenta a chance de ampliar o alcance do que comentam sobre o que consomem.
- **Maioria inicial**: são consumidores bastante cautelosos e, ao contrário dos adotantes iniciais, não gostam de correr riscos. São indivíduos que aguardam os produtos ou serviços se tornarem mais

populares para depois comprá-los, e, dessa forma, tornam-se responsáveis pelo crescimento do consumo.

- **Maioria tardia:** são consumidores significativamente mais cuidadosos, que não gostam de correr absolutamente nenhum risco e que são resistentes à mudança e à adoção de um produto ou serviço novo. São conservadores e só consomem um produto quando já está sendo utilizado pela maioria dos consumidores.
- **Retardatários:** são os consumidores mais céticos e tradicionais. Não têm interesse em novidades – inclusive, se possível evitá-las, irão resistir o quanto puderem. Normalmente, só aceitam um produto ou serviço novo quando não há mais alternativa.

Outra variável que merece atenção quando se trata da segmentação psicográfica é a análise da classe social dos consumidores. Nesse ponto, considerar a classe social significa compreender que existem hábitos culturais e de consumo que são diferentes entre os consumidores mais abastados economicamente ou os que têm menos acesso a determinados bens.

É importante destacar que, no Brasil, é utilizado o Critério de Classificação Econômica Brasileiro (CCEB) da Associação Brasileira de Empresas de Pesquisa – Abep (2022) como base para a definição das classes econômicas no país. O CCBE busca estimar o potencial de compra das pessoas por meio de um sistema de pontos para determinados itens que as famílias possuem, algo que pode ser mais bem compreendido analisando-se as Tabelas 2.2 e 2.3, que apresentam o sistema de pontos, e a Tabela 2.4, que indica o critério das classes a partir das pontuações alcançadas.

Tabela 2.2 – Critério de Classificação Econômica Brasileiro

	Quantidade				
	0	1	2	3	4 ou +
Banheiros	0	3	7	10	14
Trabalhadores domésticos	0	3	7	10	13
Automóveis	0	3	5	8	11
Microcomputador	0	3	6	8	11
Lava-louça	0	3	6	6	6
Geladeira	0	2	3	5	5
Freezer	0	2	4	6	6
Lava-roupa	0	2	4	6	6
DVD	0	1	3	4	6
Micro-ondas	0	2	4	4	4
Motocicleta	0	1	3	3	3
Secadora de roupa	0	2	2	2	2

Fonte: Abep, 2022.

Tabela 2.3 – Critério de grau de instrução e acesso aos serviços públicos

Grau de instrução do chefe da família	
Analfabeto / Fundamental I incompleto	0
Fundamental I completo / Fundamental II incompleto	1
Fundamental II completo / Médio incompleto	2
Médio completo / Superior incompleto	4
Superior completo	7
Serviços públicos		
	Não	Sim
Água encanada	0	4
Rua pavimentada	0	2

Fonte: Abep, 2022.

Tabela 2.4 – Distribuição da pontuação das classes econômicas

Classe	Pontos
1 – A	45 – 100
2 – B1	38 – 44
3 – B2	29 – 37
4 – C1	23 – 28
5 – C2	17 – 22
6 – DE	0 – 16

Fonte: Abep, 2022.

Vale ressaltar que o CCEB foi estruturado pela Abep para definir grandes grupos de consumidores em poucas classes econômicas para facilitar os direcionamentos estratégicos necessários à segmentação psicográfica da maioria das empresas. Isso significa dizer que é apenas um parâmetro que o mercado, e os profissionais de marketing utilizam-no como uma tentativa de obter um critério padronizado para a análise dos consumidores, como dito anteriormente, a partir da posse de bens que os qualificam em determinada classificação.

Para que você compreenda o estado da classificação econômica brasileira, confira, na Tabela 2.5, o percentual da população brasileira dividido em classes sociais, de acordo com o critério CCEB no ano de 2021.

Tabela 2.5 – Estimativa da distribuição das classes econômicas no Brasil e suas regiões

Classe	BRASIL	Sudeste	Sul	Nordeste	Centro-Oeste	Norte
1 – A	2,9%	3,6%	3,1%	1,3%	4,8%	1,4%
2 – B1	5,1%	6,4%	6,2%	2,8%	5,9%	2,3%
3 – B2	16,7%	20,9%	20,5%	9,2%	18,3%	9,6%
4 – C1	21,0%	24,2%	25,3%	14,7%	22,3%	15,7%
5 – C2	26,4%	26,4%	26,7%	25,7%	27,6%	26,9%
6 – D-E	27,9%	18,5%	18,2%	46,3%	21,1%	44,1%
TOTAL	100,00%	100,00%	100,00%	100,00%	100,00%	100,00%

Fonte: Abep, 2022.

2.2.4 Segmentação comportamental

A segmentação comportamental tem como base o comportamento de compra dos consumidores para direcionamento das análises e das estratégias de marketing. Trata-se de uma segmentação que divide o mercado em função da resposta que os consumidores têm em relação à compra e ao consumo de marcas, produtos e serviços.

É possível segmentar com base no comportamento de compra considerando-se as seguintes variáveis: ocasião e hábitos de compra; sensibilidade ao preço; lealdade às marcas; e benefícios que os consumidores procuram.

Ocasião e hábitos de compra

Essa variável trata da frequência e da ocasião de uso de determinado produto ou serviço, buscando compreender se é um consumo ocasional, esporádico ou habitual. Assim, é possível compreender a frequência e a periodicidade de compra, bem como quais os dias, meses e horários que os consumidores mais ou menos compram. As viagens de avião são um bom exemplo: normalmente no final do ano, os consumidores costumam comprar passagens aéreas para viajar de férias; já às segundas-feiras de manhã costumam viajar os passageiros que estão se deslocando a trabalho.

Sensibilidade ao preço

Essa variável trata de quanto os consumidores são sensíveis às variações de preço; se são afetados por ações promocionais e/ou se buscam comprar apenas quando os produtos estão em promoção e com preços mais baratos.

Lealdade às marcas

Essa variável avalia se os consumidores são leais às marcas que costumam comprar ou não; se são os chamados *advogados da marca*, que influenciam outras pessoas a consumirem determinado produto ou serviço; ou, ainda, se são detratores da marca, aqueles consumidores que vão às redes sociais para expor e reclamar da marca. De acordo com Kotler e Keller (2012), os profissionais de marketing classificam os clientes como:

1. **muito fiéis** – costumam compram sempre a mesma marca;
2. **fiéis divididos** – são fiéis a poucas marcas, duas ou três apenas;
3. **fiéis inconstantes** – variam constantemente entre uma marca e outra;
4. **infiéis** – não são fiéis a nenhuma marca.

Benefícios

Esse fator analisa quais os principais benefícios que os consumidores buscam ao comprar e consumir determinado produto ou serviço. Economia, praticidade, comodidade, *status* e reconhecimento social são importantes para definir a escolha por uma marca, por exemplo.

2.3 Posicionamento

Assim que for definido o perfil do público-alvo, por meio de uma estratégia de segmentação, devem ser identificados os diferenciais que efetivamente serão percebidos pelos consumidores como vantagem competitiva se comparados à concorrência. Depois de compreender o que os consumidores esperam da marca, a empresa deve se posicionar de modo a aplicar os diferenciais que são percebidos como valor pelos clientes para garantir que gerem significado.

Dessa maneira, as principais estratégias de marketing estão fundamentadas na segmentação, na seleção dos mercados-alvo e no posicionamento de seus produtos e de suas marcas nesses mercados.

Nenhuma empresa pode vencer se seus produtos se assemelham a qualquer outro no mercado. Como parte do processo de gestão estratégica da marca, cada oferta deve representar os tipos certos de associação na mente dos consumidores no mercado-alvo. Embora posicionar um novo produto com sucesso em um mercado bem estabelecido possa parecer difícil, [...] isso não é impossível. (Kotler; Keller, 2012, p. 293)

Posicionar um produto ou marca faz com que ele conquiste um lugar de destaque na mente do consumidor. O mais importante ao se posicionar assertivamente é a forma como os consumidores percebem os produtos ou os serviços de determinada marca em comparação com a concorrência.

Quando a empresa define um posicionamento para suas marcas e seus produtos ou serviços, o que ela procura é ocupar uma posição de destaque na mente dos consumidores em relação a seus diferenciais e vantagens competitivas, tentando conquistar um espaço de exclusividade na lembrança dos clientes.

A Skol, por exemplo, quando se posiciona como "A cerveja que desce redondo", busca se diferenciar das outras marcas de cervejas como aquela que é leve – quando alguém a consome, ela desce suavemente, de maneira agradável e satisfatória, enquanto as outras marcas oferecem cervejas pesadas, que empapuçam e empanturram.

Outro exemplo bastante conhecido é a Coca-Cola, que, no auge de seus mais de 125 anos, trabalhou de diversas maneiras os conceitos de felicidade, alegria, amizade e diversão por meio de suas campanhas publicitárias e *slogans* como "Abra a felicidade", "O lado Coca-Cola da vida" e, mais recentemente, "A magia acontece".

Um estudo feito pelo professor norte-americano David Aaker sobre as percepções referentes ao McDonald's mostrou que marca inspira diferentes associações, como a batata frita, o Big Mac, os arcos dourados e o

Mc Lanche Feliz, mas também gera associações ligadas às experiências dos consumidores, como ser um lugar divertido para ir com as crianças ou, ainda, ser uma marca alegre, colorida e divertida. Essas associações que ultrapassam as barreiras dos atributos e das características dos produtos e serviços ou da marca e levam a uma gama mais ampla de percepções, muitas vezes, embasadas em sentimentos, experiências e expectativas, representam o poder de um posicionamento de marca (Blecher, 2001).

Al Ries e Jack Trout são conhecidos como os "pais do posicionamento", pois foram esses professores que, ao lançarem o livro *Posicionamento: a batalha pela sua mente*, em meados da década de 1980, demonstraram que posicionamento é muito mais do que a empresa consegue fazer com seus produtos e serviços: é o que ela faz com a mente dos consumidores (Ries; Trout, 2009a). Inicialmente, pode parecer algo manipulador e que as marcas teriam o controle sobre as mentes das pessoas, mas, na verdade, trata-se de encontrar um conjunto de diferenciais únicos que criem uma percepção favorável e única de uma marca na mente dos consumidores e que seja diferente do que é oferecido pelos concorrentes.

É o caso da marca Dove com seu posicionamento da real beleza, que valoriza a beleza natural e o empoderamento feminino, como apresentado na Figura 2.6. Para isso, a marca trabalha em suas campanhas publicitárias com a beleza feminina sem padrões preestabelecidos. O fato de a Dove se posicionar dessa forma não significa que outras marcas de higiene pessoal, como Avon, Natura ou Nívea, não estejam preocupadas com a beleza das mulheres, mas foi a Dove quem conquistou esse espaço na mente e na lembrança dos consumidores, ou seja, quando questionados sobre a marca que se preocupa com a real beleza das mulheres, com certeza a maioria das pessoas lembrará da Dove antes de qualquer outra marca, como indica o estudo *Brand Footprint*, da Kantar (2022), que apresenta a Dove como a marca mais lembrada globalmente no ano de 2022. E é exatamente isso que Ries e Trout argumentam quando afirmam que "a principal batalha é na mente dos consumidores" (Ries; Trout, 2009a, p. 29).

Figura 2.6 – Campanha publicitária Dove: real beleza

Fonte: Marca Mais (2022)

É importante destacar que um posicionamento não se constrói da noite para o dia. Leva-se tempo para uma marca conseguir se posicionar no mercado, e isso exige estar constantemente na mídia para ser lembrada e conseguir que o consumidor guarde essas percepções na mente por muito tempo, como no caso dos exemplos citados.

Dessa maneira, o tempo é fator fundamental para que um posicionamento possa se fixar na mente dos consumidores. Diversas marcas costumam mudar seu posicionamento com frequência em um curto espaço de tempo, e isso, além de confundir, ainda pode fortalecer a imagem dos concorrentes, já que os consumidores não terão uma imagem forte de sua marca.

Uma das maneiras mais tradicionais que os profissionais de marketing utilizam para compreender quais associações entre as marcas os consumidores fazem em determinado segmento é estruturar um mapa perceptivo. Trata-se de uma análise onde diversas marcas são apresentadas aos clientes para que as classifiquem de acordo com suas percepções, em algum lugar entre os eixos apresentados, como uma espécie de *ranking*, como no exemplo ilustrado na Figura 2.7.

Figura 2.7 – Exemplo de mapa perceptivo

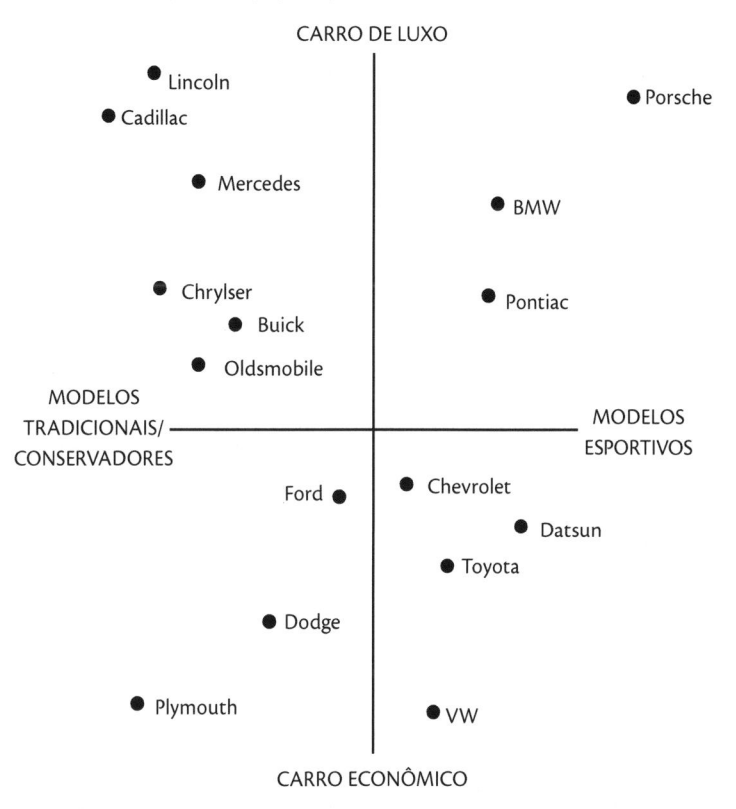

```
                        CARRO DE LUXO
            • Lincoln                          │
        • Cadillac                             │           • Porsche
                                               │
                • Mercedes                     │
                                               │    • BMW
                                               │
            • Chrylser                         │    • Pontiac
                    • Buick                    │
                    • Oldsmobile               │
    MODELOS                                    │                    MODELOS
    TRADICIONAIS/ ─────────────────────────────┼──────────────────  ESPORTIVOS
    CONSERVADORES                              │
                            Ford •             │ • Chevrolet
                                               │       • Datsun
                                               │    • Toyota
                                               │
                        • Dodge                │
                                               │
        • Plymouth                             │• VW
                                               │
                        CARRO ECONÔMICO
```

Fonte: Las Casas, 2019, p. 391.

Com esse mapa perceptivo, é possível observar como os consumidores associam as diversas marcas com alguma percepção que gera identidade, e isso colabora para o direcionamento das estratégias caso haja alguma eventual distorção.

Como dito anteriormente, posicionar uma marca nada mais é do que ocupar um espaço distinto na mente dos consumidores. Para tanto, as estratégias de posicionamento são repletas de detalhes e alternativas a serem definidas de maneira assertiva. Por isso, é importante compreender profundamente o perfil do público-alvo e seu comportamento de compra e consumo, examinar a concorrência com isenção e determinar qual a melhor vocação para o produto ou serviço.

Vale ressaltar que um posicionamento deve seguir em diversas direções, muito além da óbvia qualidade. Emoção, causas sociais ou usuários distintos podem ser escolhas bastante interessantes. Ries e Trout (2009a) definem vários tipos de estratégias de posicionamento, conforme indicado a seguir:

1. Posicionamento por concorrentes: trata-se de uma maneira astuta de se posicionar, especialmente quando uma marca domina uma categoria – nesse caso, geralmente a marca induz de maneira sutil e divertida a comparação. Em 2016, a Seara usou sua concorrente Sadia – que costumava fazer suas campanhas publicitárias usando a letra S como referência – para fazer uma brincadeira direta com o nome da concorrente. A Seara produziu um comercial que dizia "Começa com S e termina com A...", levando à comparação inevitável com a Sadia. Em outra campanha, indicada na Figura 2.8, a marca faz o "Desafio S... A" para "parecer" a Sadia, embora seja a Seara.

Figura 2.8 – Desafio Seara × Sadia

Fonte: Exame, 2016.

2. **Posicionamento por benefícios**: essa estratégia se baseia em benefícios tangíveis ou abstratos que o produto ou serviço oferece – qualidade, praticidade, leveza etc. – e que o posicionam como único e/ou líder nesse benefício específico. Um ótimo exemplo é a marca de calçados Usaflex, que utiliza o conforto como seu principal atributo de posicionamento, tanto que o *slogan* da marca é "O conforto que move você".

3. **Posicionamento por emoção**: impossível não usar a Coca-Cola quando o tema é posicionamento por emoção. "Abra a felicidade", músicas alegres, família reunida, gente sorrindo... Nesse tipo de posicionamento, não se fala em características do produto e muito menos em benefícios, mas apenas na pura emoção em consumi-lo. Diferentemente da Sprite, outro refrigerante da Coca-Cola Company, que tem seu posicionamento focado no benefício de matar a sede, a Coca-Cola se posiciona pela alegria, pela união e pela celebração.

4. **Posicionamento por usuários**: nessa estratégia, o foco está em características do público-alvo que representem um diferencial para a marca, produto ou serviço, como a marca Gatorade, que se posiciona como a bebida isotônica ideal para os atletas, ou a marca Johnson&Johnson, que tem seu posicionamento focado no fato de que seu *shampoo* não arde nos olhos dos bebês.

5. **Posicionamento por valor agregado**: nesse tipo de posicionamento, a estratégia é buscar destaque na melhor relação custo-benefício ou o melhor valor agregado no mercado. Um exemplo é o das Óticas Ponto de Visão, uma empresa paranaense que oferece uma ampla variedade de produtos óticos a preços mais acessíveis. Por muito tempo, a Ponto de Visão tem usado em suas ações de comunicação a informação de que se o cliente encontrar um produto mais barato, leva os óculos de graça; ou seja, a marca se vale da política de preço baixo garantido, o que a qualifica na estratégia de posicionamento por valor agregado.

6. **Posicionamento por categoria**: nessa estratégia, a marca se posiciona pelo domínio de mercado que exerce em seu segmento e/ou classe de produtos, o que acaba transformando-a em referência da categoria e sinônimo do segmento que representa. A marca Bombril, por exemplo, é sinônimo de esponjas de aço, ao passo que a marca Cotonetes representa a categoria de hastes flexíveis com algodão.

Além de definir a estratégia de posicionamento que a marca seguirá, também é importante destacar três leis do posicionamento entre as 22 leis propostas por Ries e Trout (2009b): lei da liderança, lei da categoria e lei do foco.

Lei da liderança

De acordo com Ries e Trout (2009b), é melhor ser o primeiro a entrar no mercado do que aguardar para ter um produto melhor. Isso porque, ao ser a primeira marca a ser lançada, geralmente acaba tendo mais chances de ser lembrada pelas pessoas, o que automaticamente dificulta a entrada de novos concorrentes.

É por isso que é tão importante ser uma marca *Top of Mind*, ou seja, a mais lembrada em determinada categoria. Se alguém perguntasse agora qual marca de sabão em pó você lembra, é quase certo que responderia Omo; ou se alguém perguntasse qual marca de refrigerante vem primeiro à sua cabeça, rapidamente você responderia Coca-Cola. Isso é resultado de um bom trabalho de posicionamento e de boas e constantes ações de comunicação, que mantêm essas marcas na lembrança e na mente da população e, consequentemente, acabam sendo as mais lembradas na hora da compra.

Ries e Trout (2009b) explicam essa situação da seguinte maneira: imagine escadinhas em que cada marca que uma pessoa lembra está destinada a determinado degrau. Não é possível que duas marcas ocupem o mesmo degrau e, a cada marca que uma pessoa se lembre, ela seria "colocada" em um desses degraus. Desse modo, sempre há a primeira marca que alguém lembra, e essa seria a marca mais bem posicionada, obviamente por estar no topo da escada.

Lei da categoria

Se uma marca não está em primeiro lugar na lembrança dos consumidores ou entrou no mercado depois de uma marca já estar consolidada na mente dos consumidores, é preciso "criar" uma nova categoria para que essa marca possa estar em primeiro lugar.

Assim como na explicação da escadinha, na lei da categoria é praticamente como se uma nova marca criasse uma nova escada para poder estar no topo, no primeiro degrau. Um exemplo foi quando a Fiat lançou o Fiat Idea e, para tanto, posicionou o carro como o "mais alto da categoria", sendo que a categoria era a dos compactos. Assim, o produto se tornou o pioneiro na categoria a ser o carro mais alto entre seus concorrentes.

Lei do foco

Para se posicionar corretamente e de maneira assertiva, é preciso apresentar o diferencial da marca de modo simples, rápido e de fácil memorização. É melhor estar posicionado de uma maneira forte com apenas um único diferencial, do que ser uma marca que espera ser muitas coisas e acaba não fixando nenhuma informação na mente dos consumidores. Um ótimo exemplo é a marca Volvo, que é sinônimo de segurança e ponto final.

Resumidamente, a lei do foco é importante para que a marca tenha uma identidade clara, única e forte e não leve o consumidor a ter diversas ideias em relação a ela. Dessa forma, assim que uma marca consegue inserir uma identidade na mente das pessoas, ela assume aquele significado na mente dos consumidores. Além disso, as empresas concorrentes não conseguirão usar o mesmo conceito, pois já se tornou exclusivo da primeira marca que o posicionou no mercado.

Além da importância de uma estratégia de posicionamento claramente definida e com visão de longo prazo, existem momentos em que é relevante alterar um posicionamento para se adequar ao mercado, seja para atualizar a identidade de marca, seja porque os consumidores estão respondendo de maneira errônea e/ou não satisfatória ao posicionamento atual da empresa.

Um exemplo dessa situação é o sabão em pó Omo, da multinacional Unilever. A marca, desde a década de 1960, utilizava no Brasil o posicionamento do "sabão que lava mais branco". Esse era um conceito de valor, já que na época era o que toda dona de casa almejava: roupas limpas e branquinhas. Inclusive a Omo, por muitos anos, utilizou em suas campanhas publicitárias depoimentos de mães sobre os uniformes de seus filhos, que vinham muito sujos da escola, mas que ficavam brancos e praticamente novos ao serem lavados com Omo. Logo, um produto que conseguia deixar a roupa mais branca com o menor esforço foi um diferencial de sucesso por mais de 30 anos. Porém, no decorrer do tempo, essa característica foi copiada pelos concorrentes, e ter as roupas brancas poderia ser alcançado utilizando qualquer sabão em pó. Além disso, a marca Ace, uma forte concorrente da Omo nos anos 2000, iniciou uma campanha publicitária na época dizendo que era o sabão em pó que deixava o branco mais branco ainda. Além disso, o perfil dos consumidores também mudou: as mulheres, agora majoritariamente inseridas no mercado de trabalho, não gostariam de ter de se preocupar em ficar lavando roupa assim que chegassem em casa. Essa nova mulher não fica mais no tanque lavando a roupa: é a máquina de lavar que faz isso por ela.

Em virtude dessa mudança no comportamento do público-alvo, a Omo se reposicionou e começou a trabalhar com o *slogan* "Porque se sujar faz bem", e as ações publicitárias passaram a trazer crianças se divertindo ao se sujar, como uma parte natural da recreação. Isso significa que a marca está assumindo para as consumidoras que elas não precisam se preocupar com a sujeira, que seus filhos podem se sujar o quanto quiserem, que quando for preciso lavar a roupa é só colocar na máquina de lavar que o Omo resolve. Assim, a marca deixou de lado o posicionamento baseado nas características do produto, que facilmente foi copiado pelas concorrentes, e embarcou em um posicionamento totalmente emocional, que mostra o quanto compreende a realidade dos consumidores.

Além das estratégias de posicionamento, é importante estar preparado para pensam em estratégias de reposicionamento de marca, caso haja necessidade de a empresa atualizar sua imagem no mercado, alcançar novos públicos ou revitalizar a percepção da marca em face de mudanças no ambiente competitivo. Reposicionar uma marca envolve uma avaliação cuidadosa da identidade existente, dos valores fundamentais e da promessa da marca em relação às novas metas e expectativas do mercado. Uma estratégia eficaz de reposicionamento começa com a compreensão profunda do público-alvo atual e potencial, identificando-se não apenas suas necessidades e seus desejos, mas também como eles percebem a marca em comparação com a concorrência. Isso requer a coleta e a análise de dados de mercado, *feedback* dos consumidores e tendências de consumo, fornecendo *insights* valiosos que fundamentarão as mudanças na comunicação da marca, nas ofertas de produtos ou nos serviços e nas experiências do cliente (Ries; Trout, 2009b).

Ao implementar estratégias de reposicionamento, as empresas devem comunicar clara e efetivamente as mudanças na marca para garantir a adesão e a compreensão de todos os públicos ligados a ela. Isso pode envolver a atualização da mensagem da marca, a reformulação da identidade visual, incluindo logotipos e embalagens, e a adaptação das estratégias de marketing e de publicidade para refletir sua nova posição. A comunicação deve ser consistente em todos os canais e pontos de contato com o cliente, reforçando a nova promessa da marca e os valores renovados. Além disso, é crucial que a experiência do cliente esteja alinhada com o posicionamento redefinido, garantindo que cada interação reflita a nova identidade da marca e contribua para a construção de uma percepção positiva (Kotler; Keller, 2012).

O reposicionamento bem-sucedido também depende da capacidade da empresa de inovar e se adaptar às mudanças do mercado. Isso pode significar a diversificação de produtos ou serviços, a entrada em novos mercados ou a adoção de novas tecnologias que reforcem a posição da marca como líder e inovadora em seu setor. A inovação contínua, juntamente a uma estratégia de comunicação eficaz, pode revitalizar a marca e reforçar seu valor e sua relevância para os consumidores atuais e futuros. Além disso, o envolvimento e o comprometimento de toda a organização com o novo posicionamento são essenciais, pois funcionários alinhados e entusiasmados com a direção da marca são fundamentais para transmitir autenticidade e ganhar a confiança dos consumidores durante o processo de reposicionamento.

Em síntese, estratégias de reposicionamento são cruciais para manter a relevância da marca em um mercado em constante mudança. Ao se concentrar em uma compreensão profunda do público-alvo, comunicar mudanças de modo eficaz e garantir que a experiência do cliente esteja alinhada com o novo posicionamento, as marcas podem navegar com sucesso no processo de reposicionamento, assegurando um impacto positivo na percepção do consumidor e no desempenho de mercado.

A chave para um reposicionamento eficaz reside na inovação contínua e no comprometimento organizacional com a nova direção da marca, estabelecendo-se uma base sólida para o crescimento e o sucesso futuros.

2.4
Serviços × produtos

Com tantos produtos e serviços disponíveis no mercado, as empresas precisam buscar alguma forma de se destacar. Investir na ==diferenciação de produtos e serviços== é uma das maneiras de atingir uma melhor posição na mente do consumidor.

Assim, para atender às estratégias de posicionamento, as organizações buscam oferecer diferenças consistentes que garantam vantagem competitiva para seus produtos ou serviços. A diferenciação é fator que ampara a percepção de diferenças significativas que justificam a escolha de determinada marca em detrimento de outras.

Por que um consumidor aceita pagar mais por um iPhone da Apple, por exemplo? Provavelmente é porque o iPhone apresenta, na opinião desse cliente, diferenças relevantes em relação aos seus concorrentes, as quais validam sua decisão de compra.

Resumidamente, a diferenciação está atrelada à percepção dos consumidores, ou seja, ao modo como eles percebem o que as empresas estão oferecendo no mercado. No entanto, vale ressaltar que a percepção é bastante individual e varia de cliente para cliente, assim como em relação ao momento da compra, ao contexto de mercado, ao potencial de compra, entre outras variantes, fazendo com que as empresas reforcem a diferenciação de seus produtos ou serviços para que tenham o melhor entendimento por parte de seu público-alvo.

Com relação à diferenciação, é preciso compreender quais são as características dos produtos ou serviços que necessitam ser superiores e mais competitivos do que os ofertados pelos concorrentes.

Em um mercado concorrido como o que presenciamos atualmente, é fundamental pensar em termos de diferenciação. Cabe ao gestor mercadológico entender que, quando for pensar estrategicamente o marketing da organização, a diferenciação deve vir em primeiro lugar, porque é ela que definirá uma marca e a diferenciará de todas as outras. (Reade; Mola; Inacio, 2015, p. 215)

O produto é o componente mais importante do *mix* de marketing; por isso, é preciso que ofereça características que o tornem competitivo para os consumidores e que instiguem o interesse de compra.

Assim, uma empresa deve trabalhar estrategicamente as características de seus produtos a fim de contribuir para a criação de um diferencial competitivo em relação aos seus concorrentes. Os produtos da Apple, por exemplo, além da alta tecnologia, apresentam um *design* inovador, o que os diferencia sobremaneira no mercado. De modo semelhante, a garrafa da Coca-Cola permite reconhecer o produto mesmo no escuro.

Ao compreender o que os consumidores esperam de seus produtos, uma empresa pode buscar diferenciá-los de diversas formas: em relação às características, ao desempenho, à durabilidade, à confiabilidade, ao estilo, à tecnologia, ao *design*, entre tantas outras características.

Da mesma maneira, os serviços podem agregar valor na diferenciação das marcas. Serviços são produtos intangíveis e perecíveis que frequentemente exigem maior controle de qualidade e confiabilidade em quem o oferece. Médicos, professores, esteticistas e encanadores são alguns exemplos de prestadores de serviços.

Aliás, os serviços são fundamentais no contexto do marketing, pois eles desempenham um papel significativo na economia global e na vida cotidiana da população. Os bens tangíveis são produtos físicos que podem ser vistos, tocados e possuídos, e os serviços são intangíveis e geralmente são experiências ou *performances* realizadas para atender às necessidades ou aos desejos dos consumidores. Uma característica essencial dos serviços é sua natureza heterogênea, o que significa que cada interação de serviço pode ser única e variar de acordo com o contexto, o prestador de serviço e as expectativas do cliente. Além disso, muitas vezes, envolvem uma forte interação pessoal entre prestador de serviço e cliente, o que pode influenciar significativamente a percepção da qualidade do serviço.

Por serem intangíveis e perecíveis, os serviços requerem um alto nível de controle de qualidade e confiabilidade por parte dos prestadores de serviço, como mencionamos. Por exemplo, em serviços médicos, a confiabilidade na competência do profissional e na qualidade do atendimento é essencial para que o profissional construa uma reputação sólida e ganhe a confiança dos pacientes. Da mesma maneira, profissionais da área da beleza e da estética precisam oferecer serviços que vão além das expectativas dos clientes, proporcionando uma experiência agradável e satisfatória que os faça retornar.

Assim, a diferenciação no setor de serviços está relacionada, muitas vezes, à excelência na prestação do serviço, à capacidade de personalização e à criação de laços emocionais com os clientes, o que contribui para a fidelização e a construção de uma vantagem competitiva sustentável.

Em contrapartida, quando as características dos produtos podem ser facilmente copiadas, a diferenciação referente aos serviços agregados ganha força, seja na facilidade para os clientes fazerem um pedido ou na rapidez na entrega, seja na instalação ou na manutenção do produto, seja na praticidade para fazer uma devolução.

As pessoas têm cada vez menos tempo e paciência para esperar; logo, é importante que as organizações facilitem o relacionamento no momento em que um cliente faz uma compra. Um exemplo de empresa que se preocupa com essa questão é a Amaro, loja de *fast-fashion* que foi uma das precursoras do modelo *guide shop*, em que todo o sistema de venda foi planejado para que a compra da cliente seja feita do modo mais simples possível, de maneira *on-line*, direto na loja.

Quanto mais fácil e rápido for o processo de compra, maiores são as chances de uma compra por impulso. Se para comprar *on-line* o cliente tiver de passar por muitas etapas ou se em uma loja física ele tiver de esperar demais na fila para pagar, há chances de desistência ou, até mesmo, de que pesquise uma nova oferta no concorrente e troque a compra por outra mais vantajosa na percepção dele.

2.5 Perfil do consumidor

Como dito anteriormente, o principal objetivo do marketing é satisfazer as necessidades e os desejos dos clientes de uma maneira mais eficiente do que a concorrência. Para tanto, os profissionais da área precisam ter total compreensão de como os consumidores pensam e agem para conseguir oferecer os produtos e serviços mais adequados aos interesses de cada um. Logo, para que haja um pleno entendimento, é preciso que o perfil dos clientes seja estudado de modo profundo, com vistas a compreender seus comportamentos de compra e consumo e assegurar que os produtos e serviços irão atender às suas expectativas.

De maneira simples, o perfil do consumidor é o conjunto de características, comportamentos e valores com relação a determinado segmento de mercado, que são resultado do contexto cultural, social e psicológico em que esses indivíduos estão inseridos (Dias, 2012).

Conhecer e analisar o perfil dos consumidores é essencial para a definição das estratégias de marketing, pois isso possibilita atender de maneira mais assertiva os interesses, as expectativas e as demandas desse público, já que a empresa irá compreender quais são os hábitos, os comportamentos e as preferências de quem compra e consome seus produtos ou serviços.

Um enfoque bastante atual para definir o perfil dos consumidores é estruturar uma persona, ou seja, criar um personagem fictício que representa o perfil ideal de consumidores que compram os produtos da empresa. Dessa maneira, uma persona costuma ser criada de modo a personificar um cliente ideal; para tanto, é importante que ela tenha características detalhadas, como nome, idade, atividade profissional, *hobbies*, preferências, interesses, estilo de vida, traços de personalidade e hábitos de consumo, passando pelos problemas e frustrações, mídias que costuma consumir e desejos de futuro.

Vale ressaltar que uma marca costuma ter diversas personas, as quais podem variar de acordo com os produtos que consomem. Diferentemente do público-alvo definido pelas estratégias de segmentação de mercado, que costuma ser mais abrangente, a persona representa o cliente ideal com grande detalhamento de características específicas.

Existem diversos modelos para se estruturar uma persona. No exemplo a seguir, a persona é apresentada a uma empresa que trabalha com decoração.

Exemplo prático

Paula Araújo Mendes tem 28 anos, é solteira e gosta de receber os amigos em casa nos finais de semana. Tem renda média de 4 mil reais e gasta boa parte de seu salário com festas e baladas. Gosta de comprar acessórios práticos, divertidos e descolados para impressionar seus amigos. Trabalha todos os dias até tarde. Na hora de comprar, costuma pesquisar na internet os melhores preços, pois não tem muito tempo para ir a lojas físicas. Gosta de consultar revistas de decoração, *blogs* e visitar lojas com ambientes decorados para conhecer novos produtos.

Quando encontra algo que lhe interessa, Paula guarda esses conteúdos e imagens em seu perfil do Pinterest, onde tem diversas pastas com referências de estilos de decoração e ideias para mudar sua casa no futuro. No Instagram e no TikTok, segue influenciadoras que falam de moda, decoração e estilo, bem como algumas marcas de *design*.

Paula pensa em como será sua casa ou seu apartamento depois de estar casada – como irá decorar sua casa "definitiva". Sonha com um estilo de decoração mais *clean*, leve, moderno, com espaços amplos e artigos de *design* assinados.

Os responsáveis pela criação do perfil das personas são os profissionais de marketing, que buscam traçar clientes de maneira detalhada, de modo a reunir o maior número de características favoráveis à proposta de valor da organização. Elaborar uma estruturação aprofundada da persona, incluindo detalhes adicionais sobre as situações cotidianas de sua vida, como apresentado no exemplo anterior, pode ser uma estratégia interessante, pois ajuda a viabilizar parcerias comerciais e ações de comunicação muito mais assertivas.

Para Las Casas (2019), uma pessoa pode ter três papéis a serem cumpridos: (1) comprar um produto ou serviço, (2) fazer o pagamento dessa compra e (3) utilizá-lo. Esses "papéis" podem ser realizados pelo mesmo indivíduo ou por pessoas distintas. "O usuário é a pessoa que consome o produto. O pagador é a pessoa que efetivamente paga pelo produto e o comprador é quem vai ao mercado para ver, comparar e analisar as condições que são oferecidas" (Las Casas, 2019, p. 302).

Logicamente, esses papéis envolvem diversos outros contextos, muitas vezes mais complexos do que apenas indicar que uma pessoa escolhe, compra, paga e utiliza um produto. Ao comprar e consumir um produto, o cliente passa por uma diversidade de circunstâncias, sofre influências internas e externas, desempenha papéis diferentes na tomada de decisão de compra, entre outras situações que são apresentadas na Figura 2.10, que aborda o processo de tomada de decisão de compra e os agentes de influência que exercem algum tipo de força ou controle na hora de escolher um produto ou serviço.

Figura 2.10 – Processo de tomada de decisão de compra e agentes de influência

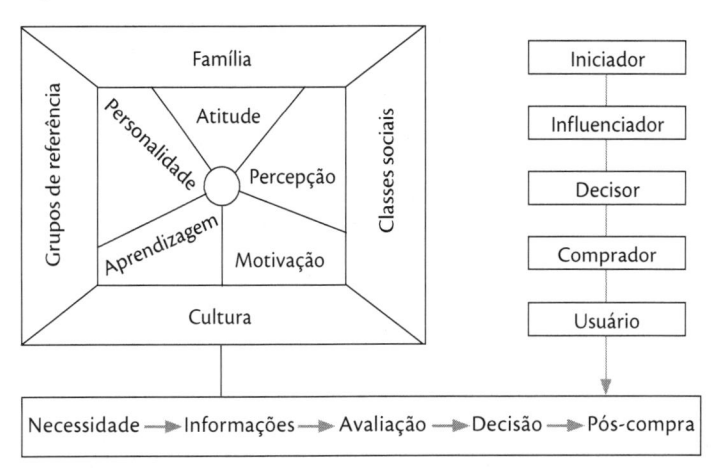

```
         Família                    Iniciador
  Personalidade  Atitude            Influenciador
Grupos de                Classes
referência      Percepção  sociais  Decisor
      Aprendizagem                  Comprador
         Motivação                  Usuário
         Cultura
                    │                   │
                    ▼                   ▼
Necessidade → Informações → Avaliação → Decisão → Pós-compra
```

Fonte: Las Casas, 2019, p. 302.

O perfil do consumidor é definido por esses papéis no processo de tomada de decisão de compra, que incluem o influenciador, o decisor, o comprador e o usuário. Na compra de brinquedos, por exemplo, normalmente os pais assumem o papel de decisores e compradores, ao passo que as crianças são as grandes influenciadoras e usuárias dos brinquedos. "Os pais provavelmente se concentrarão em considerações funcionais como o valor nutricional e a segurança dos produtos. As crianças, por sua vez, provavelmente levarão em conta a experiência de utilização do produto, ou seja, o sabor, a diversão que ele proporciona" (Tybout; Calder, 2013, p. 36).

Além de indicar os papéis que cada consumidor pode assumir no processo de tomada de decisão de compra, a Figura 2.10 apresenta os agentes de influência, tanto internos (atitudes, personalidade, percepção, aprendizagem e motivação) quanto externos (cultura, família e grupos de referência), bem como o processo de tomada de decisão de compra em si e suas etapas: necessidade, busca de informações, avaliação, decisão de compra e momento pós-compra.

O processo de tomada de decisão de compra ocorre a partir da identificação de uma necessidade por parte do consumidor. Essa primeira etapa pode surgir mediante uma série de contextos, como suprir uma necessidade básica (fome, por exemplo), repor um produto que acabou ou, ainda, apenas adquirir algo novo. Em outras palavras, cada pessoa tem sua motivação para a aquisição de determinado produto ou serviço, e isso pode surgir pelo reconhecimento de uma necessidade específica ou pela vontade de conhecer algo novo.

Além dos motivadores internos, outros fatores externos podem instigar o consumidor a comprar, como estímulos provocados por questões sociais, culturais, econômicas e comunicacionais, pois, ao ser impactado por um comercial na televisão ou nas redes sociais, o indivíduo pode se interessar em algo para comprar.

Ao buscar atender à necessidade percebida, a próxima etapa é a procura por informações sobre o produto ou serviço. O consumidor pode encontrar informações complementares em *sites* de busca, conversar com amigos e ir até uma loja para ver o produto de perto, a fim de compreender se atende à sua necessidade ou não.

Poderá também pesquisar produtos concorrentes ou substitutos para verificar as opções disponíveis no mercado e, assim, partir para a avaliação das alternativas existentes, de modo a tomar sua decisão de compra. Além disso, pode se informar sobre questões referentes aos preços e às formas de pagamento, às condições de entrega, entre outros.

Depois de encontrar as informações sobre o produto ou serviço, o consumidor costuma pensar e avaliar para identificar se está fazendo um bom negócio. Na maioria das vezes, a etapa de avaliação das alternativas é uma das mais importantes no processo de compra, pois demanda tempo e dedicação para o cliente definir se deve mesmo comprar o produto ou não.

Logicamente que, para comprar um quilo de tomates no supermercado, o consumidor não perde tanto tempo avaliando sua decisão de compra, mas com certeza dedicará alguns minutos escolhendo os melhores tomates, os mais bonitos e maduros. Contudo, se a decisão for por um apartamento, por exemplo, essa etapa de avaliação será bastante demorada, visto que será preciso muito tempo para decidir entre as opções disponíveis em bairros diferentes, os tamanhos distintos, a necessidade de vaga de garagem e os espaços internos. Além disso, há os fatores de decisão como preço (que é alto) e as formas de pagamento. Logo, nesse exemplo, a etapa será revista e repensada muitas vezes.

Depois de pensar, avaliar e decidir qual produto comprará, o consumidor parte para a compra propriamente dita. Contudo, mesmo que esteja pronto para comprar, ainda terá tempo para mudar de ideia e desistir.

Por isso, os profissionais de marketing devem estar atentos para entender os motivos que levam o consumidor a comprar, bem como os que dificultam ou fazem com que ele desista da compra. Assim, será possível verificar se a força de vendas está apresentando argumentos relevantes, capazes de trazer valor à decisão de compra, e compreender se o posicionamento está sendo percebido de maneira assertiva ou se há necessidade de alguma mudança na comunicação da marca.

A última etapa desse processo ocorre depois da compra. Costumeiramente, os clientes acabam tendo algum tipo de dúvida acerca de sua decisão, uma vez que costumam não ter certeza se fizeram a compra da melhor opção. Esse sentimento é chamado de ==dissonância cognitiva==.

Como o consumidor fez o levantamento de opções e elegeu determinado produto, pode surgir algum grau de dúvida se alguma das alternativas que ele deixou para trás não teria sido uma melhor opção. É nesse momento que o cliente pode acabar cancelando a compra ou optando por fazer a devolução do produto.

Da mesma forma, os profissionais de marketing devem estar atentos a essa situação e garantir ao máximo informações referentes aos benefícios do produto que reforcem a decisão de compra do cliente e o ajudem a se sentir confortável e seguro com a compra efetuada.

2.6
Valor e satisfação

Conforme mencionado anteriormente, um dos objetivos das ações de marketing é criar uma relação de troca fundamentada no valor percebido e no valor econômico de públicos de interesse. Logo, os consumidores costumam escolher entre as diversas opções de produtos ou serviços considerando aquele que proporcionará a maior entrega de valor.

O valor nada mais é do que a relação entre os benefícios tangíveis e intangíveis entregues pelo produto ou serviço e os custos financeiros e emocionais intrincados na compra do produto. Em síntese, o valor pode ser estimado a partir da percepção da qualidade, dos serviços agregados e do preço do produto ou serviço. Dessa forma, as percepções de valor aumentam quanto maior for a entrega de qualidade do produto ou serviço, embora possam diminuir quando o preço está muito acima do que o consumidor considera aceitável para aquele determinado bem.

A Figura 2.11 apresenta essa relação entre percepção de valor e preço, em especial a distinção que reforça que os clientes compram os produtos ou serviços considerando a diferença entre preço e percepção de valor, ao passo que as empresas lucram com a diferença entre custo e preço final do produto ou serviço.

Figura 2.11 – Relação preço × valor

```
                    Valor    As pessoas compram
                             pela diferença entre
                             preço e valor.
                   Preço
  As empresas
  lucram com a
  diferença entre   Custo
  preço e custo.
```

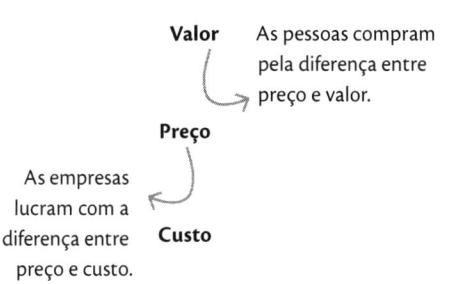

Fonte: Elaborado com base em Kotler; Keller, 2012.

De acordo com Kotler e Keller (2012, p. 132),

> Valor entregue ao cliente é a diferença entre o valor total para o cliente e o custo total para o cliente. O valor total para o cliente é o conjunto de benefícios que os clientes esperam de um determinado produto ou serviço. O custo total para o cliente é o conjunto de custos em que os clientes consumidores esperam incorrer para avaliar, obter, utilizar e descartar um produto ou serviço. (Kotler; Keller, 2012, p. 132)

Dessa maneira, não basta uma empresa criar um produto ou serviço com uma alta proposta de valor: o mais importante é a capacidade de entregar o que se espera. E essa entrega se refere a toda experiência que os consumidores conseguirão ao consumir o produto ou serviço. Logo, o valor prometido deve atender à expectativa dos clientes.

Uma empresa que não atende às expectativas dos consumidores e não entrega o que promete não conseguirá gerar valor nem satisfação aos clientes. De nada adianta uma marca ter os melhores produtos ou serviços e não estar bem-posicionada na mente e na lembrança dos consumidores. Da mesma maneira, não adianta estar bem-posicionada e não corresponder às expectativas destes.

Análise de mercado

O estudo da PWC (2018), *O futuro da experiência do cliente*, destaca que o preço de um produto ou serviço deixou de ser o principal fator de decisão de compra, dando lugar ao bom atendimento, que aparece em primeiro lugar para 89% dos brasileiros como o fator mais relevante na hora de comprar – um dos índices mais altos se comparado com outros países, como indica a Figura 2.12.

Figura 2.12 – Experiência do cliente e decisão de compra

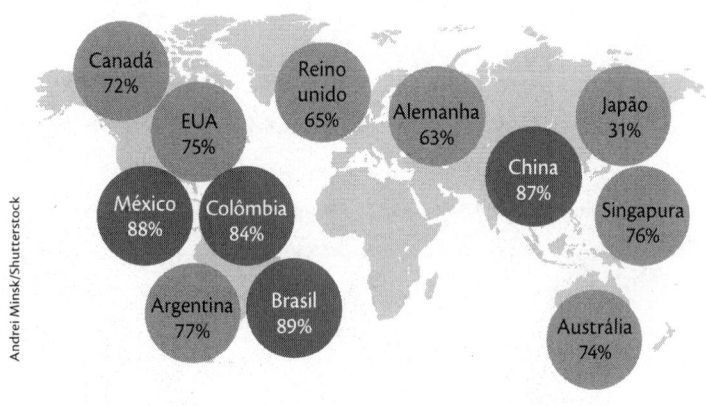

- Canadá 72%
- EUA 75%
- México 88%
- Colômbia 84%
- Argentina 77%
- Brasil 89%
- Reino unido 65%
- Alemanha 63%
- China 87%
- Japão 31%
- Singapura 76%
- Austrália 74%

Andrei Minsk/Shutterstock

Fonte: PWC, 2018.

De um modo simplificado, entregar valor para os clientes nada mais é do que oferecer motivos genuínos para que eles escolham determinado produto ou serviço, e essas razões podem estar relacionadas à qualidade do produto, ao bom atendimento, ao preço competitivo, à entrega rápida, às formas de pagamento, entre tantos outros aspectos.

Uma proposição de valor consiste em um conjunto de benefícios que a empresa promete entregar; é mais do que o posicionamento central da oferta. Por exemplo, o posicionamento central da Volvo é "segurança", mas ela promete ao comprador mais do que um carro seguro; outros benefícios incluem bom desempenho, design e respeito ao meio ambiente. Basicamente, a proposição de valor é uma promessa relativa à experiência que os clientes podem esperar da oferta que a empresa faz ao mercado e de seu relacionamento com o fornecedor. O cumprimento ou não da promessa dependerá da capacidade da empresa em gerir seu sistema de entrega de valor. (Kotler; Keller, 2012, p. 134)

Em resumo, o valor percebido por um cliente se refere à diferença entre o que o consumidor "ganhou" ao comprar o produto e o que ele investiu. Sob essa ótica, fica fácil compreender o conceito de *satisfação do cliente* na entrega de valor.

Para Kotler e Keller (2012), *satisfação* é o sentimento de felicidade ou de decepção que resulta da comparação entre as expectativas do cliente com o desempenho percebido de um produto ou serviço após o consumo. De modo geral, se o desempenho atender às expectativas, o cliente fica satisfeito; por outro lado, se ficar aquém do esperado, ele fica insatisfeito.

Nesse contexto, é imprescindível que os profissionais de marketing avaliem constantemente o grau de satisfação de seus clientes, pois manter a satisfação em alta é um fator de garantia de retenção: clientes felizes tendem a comprar mais e sempre.

Altos níveis de satisfação resultam em fidelização de clientes, o que automaticamente significa uma baixa rotatividade de consumidores e a constância nas compras – clientes satisfeitos sempre são os melhores divulgadores de uma marca.

Uma das maneiras mais comuns de avaliar o grau de satisfação dos consumidores é a pesquisa de pós-venda. Nela, deve-se demonstrar interesse e atenção aos *feedbacks* dos clientes como forma de aprimoramento constante, seja nos produtos, seja no atendimento ou nos serviços complementares.

Síntese

Neste capítulo, esclarecemos que, considerando que as pessoas são diferentes entre si, é praticamente impossível que um único produto atenda às expectativas de toda uma população. Assim, é importante segmentar o mercado, ou seja, dividi-lo em grupos menores, em que as características e os interesses dos consumidores sejam o mais homogêneos possível. Com necessidades, características e interesses comuns é possível desenvolver e direcionar estratégias de marketing distintas para cada segmento de consumidores. Nesse sentido, indicamos que há as seguintes variáveis para segmentação: geográfica, demográfica, psicográfica e comportamental. Depois de segmentar o mercado e definir o perfil de público-alvo que determinará a busca pelos clientes que melhor responderão aos incentivos de compra, elucidamos que uma marca busca posicionar seus produtos para que conquistem um lugar de destaque na mente dos clientes.

Para que se estabeleça um posicionamento adequado, conforme demonstramos, é preciso que a marca, o produto ou o serviço apresente um diferencial, ou seja, uma característica distinta que seja relevante para os consumidores, de modo a diferenciá-lo(a) de seus concorrentes e agregar valor. Afinal, os clientes buscam produtos ou serviços que atendam às suas expectativas e avaliam a percepção de valor levando em conta o que foi investido na compra do produto *versus* os benefícios que esse produto entrega.

O ideal é que os níveis de satisfação sejam sempre superiores, ou seja, que o desempenho do produto ou serviço após o consumo seja melhor do que as expectativas que a pessoa tinha antes de consumi-lo. Assim, o grau de satisfação será maior e, dessa forma, as chances de continuidade de consumo aumentam consideravelmente.

Estudo de caso

A rede francesa de hotéis Accor oferece uma diversidade de marcas para atender diferentes tipos de hóspedes em várias ocasiões, como Fairmont, Sofitel, Mercure, Novotel e Ibis.

Os hotéis Sofitel são desenhados para os turistas mais abastados que buscam instalações elegantes e modernas, além de um atendimento personalizado e cortês. Esses hotéis, normalmente localizados em importantes cidades ao redor do mundo, valorizam a experiência do hóspede com luxo e sofisticação e contam com chefes premiados em seus restaurantes, além de ostentarem obras de arte de artistas renomados em sua decoração, *spas* e campos de golfe.

Outra marca do grupo Accor, o Mercure, foi criada para atender a um segmento de turistas que tem um estilo de vida voltado para a tecnologia. Trata-se de um grupo que não faz distinção entre lazer e trabalho, pois está acostumado a trabalhar em *home office*. Muitos são nômades digitais, ou seja, trabalham de qualquer lugar e estão acostumados a escutar música ou a assistir televisão/vídeos ao mesmo tempo, e qualificam suas viagens como boas oportunidades para trabalhar ou descontrair. Assim, os hotéis Mercure oferecem um ambiente semelhante ao que esses hóspedes costumam encontrar em suas casas: nos quartos, além da tradicional cama, também contam com sofá, televisão e conexão para todas as mídias, além da mesa de trabalho; nas áreas comuns, há espaços que promovem a socialização entre os hóspedes, como academia e áreas com escritórios para que possam receber clientes ou fazer alguma reunião privada.

Para o público com um orçamento menor para hospedagem e que, muitas vezes, hospeda-se apenas por um dia ou períodos curtos, a rede Accor conta com os hotéis Ibis, que oferecem quartos mais básicos, mas com infraestrutura moderna e bem equipada. O café da manhã é oferecido à parte, o que acaba deixando a tarifa mais em conta. A rede Ibis normalmente tem seus hotéis localizados em áreas mais centrais, aliando comodidade, praticidade e conveniência aos viajantes.

Como é possível perceber, a estratégia do grupo Accor explica dois fatores-chave das estratégias de marketing: segmentação e seleção do mercado-alvo. Como abordado no capítulo, a segmentação divide o mercado em grupos homogêneos de consumidores, a partir de padrões de comportamento, características demográficas, perfil psicográfico, entre outros. Assim, a seleção de mercado-alvo busca identificar os grupos que a empresa tem interesse em atender.

Fonte: Elaborado com base em Accor, 2024.

Questões para revisão

1. A Pousada Sol&Mar, localizada em Maresias, no litoral paulista, tem uma estrutura bastante modesta, além de dispor de academia de ginástica e de uma miniquadra de tênis. O foco da pousada é bastante definido: os sócios desejam atender pessoas que buscam comodidade, atendimento de qualidade e boa localização na cidade, isso tudo com um ambiente familiar e preço acessível. Considerando essa situação, assinale a alternativa cujo texto apresenta corretamente as bases de segmentação utilizadas pelos proprietários da pousada:
    a. Segmentações geográfica e psicográfica.
    b. Segmentações psicográfica e demográfica.
    c. Segmentações demográfica e comportamental.
    d. Segmentações geográfica e comportamental.
    e. Segmentações geográfica e demográfica.

2. O processo de tomada de decisão de compra é composto por cinco etapas. Quais são elas? Sinalize a ordem correta.
3. O Boticário definiu, após diversas pesquisas, que o grupo de pessoas que tem mais chance de se interessar por seus produtos são as mulheres entre 17 e 45 anos. Dessa forma, todas as energias de marketing da empresa estão focadas em atender às necessidades e às expectativas desse grupo. Esse grupo de pessoas é conhecido como:
    a. segmento de mercado.
    b. mercado-alvo.
    c. clientes.
    d. compradores.
    e. meta.
4. Com relação à segmentação de mercado, analise as afirmações a seguir.
    I. O processo de dividir os mercados em partes homogêneas é chamado de *mercado-alvo*.
    II. Do ponto de vista do profissional de marketing, atender somente uma parcela do mercado total, muitas vezes, é a estratégia mais eficiente.
    III. A forma mais comum de segmentar um mercado é a geográfica.
    IV. Utilizar um único composto de marketing para atender a um mercado-alvo único tende a ser a abordagem menos dispendiosa do marketing.
    V. Os profissionais de marketing raramente utilizam mais de uma base de segmentação, justamente para facilitar o trabalho.

Agora, assinale a alternativa correta:

a. Todas as afirmações são verdadeiras.
b. As afirmações I, III e V são falsas.
c. As afirmações II, III e V são falsas.
d. As afirmações I, IV e V são falsas.
e. Todas as afirmações são falsas.

5. Explique por que é crucial para um gestor de marketing identificar características específicas dos produtos ou serviços que precisam ser destacadas para obter uma vantagem competitiva.

Questões para reflexão

1. O mercado de telefonia celular está superaquecido no Brasil e no mundo. Nesse ramo, uma das empresas que se destaca é a Claro. Com seu foco na experiência do cliente e na oferta de serviços inovadores, a Claro está em destaque no setor de telecomunicações no país. Para tanto, tem trabalhado o seguinte posicionamento: "Claro: Venha para o novo". Que análise você faz desse posicionamento? Comparativamente com outras empresas de telefonia brasileiras, como a TIM e a Vivo, como você percebe a força desse posicionamento da Claro?

2. Pesquise em sua cidade pelo menos três empresas que utilizam claramente as estratégias de segmentação de mercado. Procure todas as informações que puder sobre essas organizações e seus produtos, de modo que você consiga determinar claramente a segmentação de mercado. Descreva como essas organizações estão praticando a segmentação e quais as variáveis de segmentação estão sendo utilizadas – demográfica, geográfica, psicográfica e comportamental. Depois de pensar na segmentação, que tal estruturar uma persona para cada empresa?

3. Atualmente, os clientes têm à sua disposição uma ampla gama de produtos e serviços que podem comprar. Eles fazem suas escolhas com base em percepções de qualidade, serviço e valor. As empresas precisam entender os fatores que determinam o valor e a satisfação para o cliente, ao passo que ele escolherá a oferta que melhor maximize o valor entregue. Faça uma reflexão acerca dessas ideias e exemplifique seu argumento considerando a ideia de valor para o marketing.

3 Criação de valor para o cliente e o mercado

Conteúdos do capítulo:

- Composto de marketing.
- Orientação para produto.
- Orientação para produção.
- Orientação para marketing e vendas.
- Orientação para logística e distribuição.

Após o estudo deste capítulo, você será capaz de:

1. apresentar o composto de marketing;
2. indicar cada um dos elementos do *mix* de marketing;
3. identificar como orientar os esforços de marketing;
4. definir o conceito de *orientação de mercado* na visão estratégica de marketing.

O planejamento estratégico de unidades de negócios é uma etapa crucial para empresas que buscam não apenas sobreviver no mercado competitivo atual, mas também criar valor para os clientes e para o mercado, assim como para prosperar e crescer sustentavelmente. Esse processo envolve a definição clara de objetivos a longo prazo, a identificação de oportunidades e ameaças no ambiente externo, bem como a análise das forças e das fraquezas internas (Cobra, 2005).

Ao compreender profundamente esses elementos, as organizações podem desenvolver estratégias que aproveitem seus pontos fortes, mitiguem suas vulnerabilidades e respondam de maneira proativa às mudanças do mercado. Essa abordagem estratégica é fundamental para alinhar as diversas funções e recursos da empresa em direção a objetivos comuns, garantindo que todas as decisões e ações contribuam para o sucesso global da unidade de negócios.

No coração do planejamento estratégico está a capacidade de antecipar o futuro, baseando-se em análises detalhadas do passado e do presente. Isso exige um compromisso com a pesquisa e a análise contínuas, não apenas dos mercados e concorrentes, mas também das tendências tecnológicas, sociais e econômicas que podem afetar a indústria. Ferramentas como a análise SWOT (*strengths*, *weaknesses*, *opportunities* e *threats*)[1] e o modelo das cinco forças de Porter são frequentemente empregadas para estruturar essas análises, fornecendo *insights* valiosos que guiam a formulação de estratégias. Com um entendimento sólido dos ambientes externo e interno, as unidades de negócios podem identificar nichos de mercado inexplorados, áreas para inovação e melhorias operacionais que podem levar a uma vantagem competitiva sustentável (Cobra, 2005).

---

1   Em português, conhecida como *análise FOFA*: forças, oportunidades, fraquezas e ameaças.

A integração do planejamento estratégico com o planejamento de marketing é essencial, pois as estratégias de marketing são os veículos pelos quais as visões e os objetivos estratégicos são efetivados no mercado. O planejamento de marketing começa com a definição de metas de marketing alinhadas aos objetivos estratégicos da unidade de negócios. Isso inclui a identificação do público-alvo, a diferenciação do produto ou serviço e a comunicação eficaz dos valores e dos benefícios da marca. Por meio de um planejamento de marketing cuidadoso, as empresas podem garantir que suas mensagens sejam consistentes, relevantes e ressoem com seu público, ao mesmo tempo que maximizam o retorno sobre o investimento em suas atividades de marketing.

O planejamento de marketing, portanto, não é uma tarefa isolada, mas uma extensão crítica do planejamento estratégico da unidade de negócios. Ele requer uma colaboração estreita entre as equipes de marketing e outras funções da empresa, como vendas, desenvolvimento de produtos e atendimento ao cliente, a fim de garantir uma abordagem unificada e centrada no cliente. Isso permite que a empresa se adapte rapidamente às mudanças nas preferências dos consumidores e nas condições do mercado, mantendo sua competitividade e direcionando esforços para alcançar seus objetivos de longo prazo. Ao alinhar estrategicamente o planejamento de marketing com os objetivos globais da unidade de negócios, as organizações podem criar uma fundação sólida para o crescimento sustentável e o sucesso no mercado.

Ainda sobre planejamento de marketing, é importante destacar o composto de marketing, que nada mais é do que os 4 Ps do marketing: produto, preço, promoção e praça (ou pontos de venda). É o conjunto de elementos que as empresas usam para atrair clientes e atender às suas necessidades. No entanto, o modo como esses elementos são priorizados e combinados pode variar de acordo com a orientação da empresa (Kotler; Keller, 2012).

Vale salientar que os processos apresentados até o momento – segmentação, mercado-alvo, posicionamento e diferenciação – são parte do chamado *marketing estratégico* e que o composto de marketing representa o sequenciamento dessa etapa para o nível tático. Nesse contexto, os 4 Ps representam a materialização do posicionamento planejado na etapa anterior e devem condizer com o público-alvo, a persona, o posicionamento e a proposta de diferenciação da marca definidos na estratégia.

Neste capítulo, exploraremos as quatro principais orientações que as empresas podem seguir para criar e entregar valor aos seus clientes. Começaremos com a orientação para o produto, que enfatiza a qualidade e a inovação do produto em si como fator principal para o sucesso.

Em seguida, abordaremos a orientação para produção, que prioriza a eficiência na produção e na distribuição como fator principal para o sucesso. Nesse sentido, destacaremos como essa orientação pode ser eficaz em mercados cuja demanda supera a oferta.

A orientação para marketing e vendas, por sua vez, coloca a ênfase na promoção e venda do produto como fator principal para o sucesso. Enfatizaremos como essa orientação pode ser eficaz em mercados altamente competitivos.

Por fim, trataremos da orientação para logística e distribuição, que destaca a eficiência na entrega do produto ao cliente como fator principal para o sucesso. Demonstraremos como essa orientação pode ser eficaz em mercados com alta demanda e prazos de entrega apertados.

3.1
Composto de marketing

Como apresentado anteriormente, o marketing engloba o conjunto de processos relacionados ao mercado, desde a criação de produtos ou serviços até o processo de divulgação e vendas. Para tanto, destacamos o composto de marketing, ou *mix* de marketing, combinando os tradicionais 4 Ps do marketing.

Nessa perspectiva, o composto de marketing trata de um conjunto de elementos variáveis que, unidos, direcionam as estratégias de marketing; ou, como definem Kotler e Keller (2012, p. 97), é "o conjunto de ferramentas que a empresa usa para atingir seus objetivos de marketing no mercado-alvo".

Preste atenção!

Em 1960, Jerome McCarthy (1978) apresentou uma composição inovadora para a época, utilizando a classificação de *mix* de marketing, a qual batizou de 4 Ps (produto, pontos de venda, promoção e preço) para sinalizar seus quatro elementos. Contudo, foi Philip Kotler quem popularizou o conceito dos 4 Ps em seus tradicionais livros de marketing.

Na opinião de Schultz, Tannenbaum e Lauterborn (1994, p. 14), "a teoria dos 4 Ps foi válida para o seu tempo e cultura". Assim, os autores propõem uma nova composição do *mix* de marketing, intitulada 4 Cs, em substituição à teoria de McCarthy. No 4 Cs, os autores recomendam o uso de cliente no lugar de *produto*; conveniência em vez de *pontos de venda*; custo aceitável para o cliente no lugar de *preço*; e comunicação em vez de *promoção*.

Importante!

No decorrer do tempo, a abordagem do marketing evoluiu significativamente para atender às demandas e às complexidades do mercado. Inicialmente, o conceito tradicional de marketing era fundamentado em apenas 4Ps. No entanto, com o avanço das estratégias e a crescente importância de outros elementos na relação com o consumidor, novos Ps foram adicionados à estrutura.

Com o passar do tempo, o *mix* de marketing evoluiu para 8 Ps, o que trouxe uma visão mais abrangente e completa do marketing, incluindo elementos como pessoas (ou clientes), processos e prova física (ou evidências). O foco em pessoas ressalta a importância de se entender e atender às necessidades dos clientes de maneira personalizada, ao passo que os processos destacam a importância de ter uma abordagem eficiente e ágil na entrega de valor ao cliente (Kotler; Kartajaya; Setiawan, 2020).

Para esses autores, o conceito de *prova física* enfatiza a relevância das evidências tangíveis e intangíveis que reforçam a credibilidade da marca e a experiência do cliente. Essa evolução reflete a compreensão de que o marketing é muito mais do que apenas promover produtos e serviços: é criar valor e cultivar relacionamentos duradouros com os clientes.

Desse modo, a incorporação de novos Ps no marketing reconhece a importância de aspectos como experiência do cliente, excelência operacional e impacto positivo que uma abordagem holística pode ter na construção de uma marca forte e bem-sucedida no mercado atual.

Independentemente de qual teoria possa ser seguida, vale ressaltar que os 4 Ps se constituem nos pilares de uma estratégia de marketing, visto que é preciso que uma empresa tenha um produto ou serviço a ser ofertado ao mercado, que será vendido por determinado preço, em um ponto de venda específico, e que as ações promocionais o tornarão conhecido.

Confira a seguir cada um dos elementos do *mix* de marketing.

3.1.1 Produtos e serviços

Os produtos e os serviços são praticamente a essência das empresas. Os produtos são o que as elas comercializam, e é por meio deles que as necessidades e as expectativas dos consumidores podem ser atendidas. Além disso, outros elementos do *mix* de marketing – preço, ponto de venda e promoção – dependem diretamente do produto.

As estratégias direcionadas aos produtos envolvem decisões focadas em marca, embalagem, qualidade, *design*, características, benefícios, assistência técnica, utilidade, garantia, tamanho, cor, desempenho, durabilidade, entre outros atributos. Considerando-se esses aspectos, o mais importante é oferecer algo diferente e melhor do que aquilo que é ofertado pelos concorrentes. Como já comentado anteriormente, quanto maior a diferenciação, maior será o valor agregado para os consumidores.

No caso dos serviços, o foco está na variedade ofertada, nos serviços pré e pós-venda, nas garantias e na assistência técnica, pois trata-se de atributos intangíveis.

Vale ressaltar que existem duas classificações de produtos: os de consumo e os industriais. Os produtos de consumo são aqueles voltados às pessoas físicas, os tradicionais consumidores. Já os industriais são os destinados a outras empresas, indústrias de manufatura para o desenvolvimento de novos produtos (Dias, 2012).

Outro ponto importante a ser destacado são os cinco níveis hierárquicos de valor relacionados aos produtos, os quais podemos conferir na Figura 3.1.

Figura 3.1 – Níveis do produto

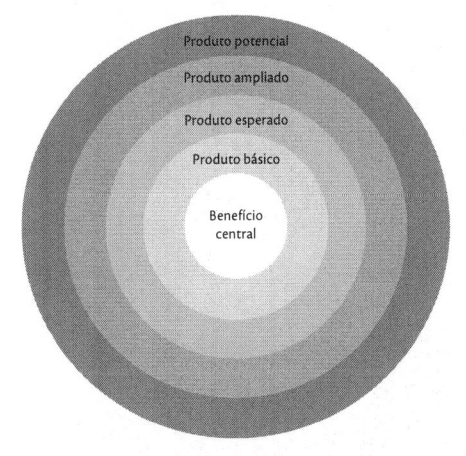

- Produto potencial
- Produto ampliado
- Produto esperado
- Produto básico
- Benefício central

Fonte: Kotler; Keller, 2012, p. 348.

O benefício central é o nível mais fundamental, pois trata do que efetivamente o consumidor tem como necessidade. Por exemplo: o comprador de uma geladeira está interessando em conservar seus refrigerantes gelados. Já o produto básico se refere ao bem em si, com suas características e atributos – materiais, formatos, *design* etc. No caso da geladeira, o produto básico é a própria geladeira, e suas características e atributos incluem compressor, porta(s), prateleiras, plásticos e vidros. O produto esperado, por sua vez, trata dos benefícios esperados no consumo do produto, como durabilidade, praticidade, comodidade, *status* e economia. No exemplo da geladeira, pode ser maior espaço interno, economia de energia e refrigerantes gelados na temperatura ideal. O produto ampliado é o produto tangível com os serviços agregados comercializados em conjunto. No exemplo da geladeira (produto básico), seria considerar a garantia e os serviços de assistência técnica (produto ampliado). Por fim, o produto potencial compreende todas as possíveis inovações e transformações que o produto pode oferecer no futuro. A geladeira conectada com o supermercado, para envio da lista de compras, é um exemplo de produto potencial.

De maneira resumida, podemos dizer que os produtores analisam os produtos em função de seus atributos e de suas características básicas, ao passo que os consumidores avaliam de acordo com a possibilidade de atender ao benefício central que eles esperam resolver.

Além disso, os produtos também são classificados de acordo com suas características de durabilidade, tangibilidade e uso, algo que, conforme explicam Kotler e Keller (2012), é qualificado da seguinte maneira:

- Bens duráveis: são produtos normalmente usados por um longo período de tempo e com alta durabilidade, como produtos da linha branca (fogões, geladeiras e máquinas de lavar), veículos e moradias. Costumam exigir esforços de venda pessoal e normalmente contam com serviços agregados que geram valor.

- **Bens não duráveis**: são produtos tangíveis, normalmente consumidos rapidamente e comprados com frequência, como itens de moda, alimentos e bebidas. A estratégia é deixá-los disponíveis no maior número de pontos de venda, mirando o equilíbrio da margem de lucro no varejo, além de anunciar fortemente para gerar experimentação ou levar à preferência.
- **Serviços**: são produtos intangíveis e perecíveis que habitualmente exigem maior controle de qualidade e credibilidade de quem o oferece. Serviços médicos, viagens aéreas e hotelaria são alguns exemplos de serviços.
- **Bens de conveniência**: são aqueles que os consumidores compram com bastante frequência, algumas vezes por impulso, e cuja tomada de decisão de compra exige o mínimo esforço. Cigarros, revistas e doces são exemplos de compras por conveniência, embora essa categoria também contemple produtos de compra regular, como pasta de dentes, *shampoo* e alimentos.
- **Bens de compra comparada**: são aqueles que exigem algum grau de comparação entre as opções disponíveis no que se refere à qualidade, ao preço, à adaptação e ao estilo. Podemos citar como exemplos móveis, vestuário, automóveis e eletrodomésticos. Como existem diversas opções de marcas, modelos, tamanhos, cores e preços, são produtos que os consumidores costumam comparar para avaliar as melhores opções e tomar a melhor decisão de compra.
- **Bens de especialidade**: são produtos que apresentam características exclusivas e que servem de argumento para que os clientes almejem comprá-los. Artigos de luxo e produtos de alta tecnologia são alguns exemplos que se enquadram nessa categoria. Um novo iPhone, da Apple, e um Porsche são exemplos perfeitos de produtos de especialidade.

- **Bens não procurados**: são produtos sobre os quais os consumidores não têm conhecimento e/ou interesse de compra. Alguns exemplos clássicos são jazigos e lápides, extintores de incêndio, colchões e lâmpadas, que os consumidores só lembram de comprar quando a anterior queima.

As principais decisões estratégicas relacionadas ao composto de produto, no *mix* de marketing, referem-se a alguma das opções a seguir, de acordo com Dias (2012):

- **Lançar um novo produto**: os consumidores estão, invariavelmente, em busca das novidades de mercado. Dessa maneira, lançar um novo produto pode despertar seu interesse e, consequentemente, impulsionar o crescimento da marca.
- **Retirar ou modificar um produto existente**: quando um produto está se tornando obsoleto em decorrência da falta de tecnologia ou porque a concorrência introduziu um produto mais interessante para os consumidores, a empresa pode optar por retirar o produto do mercado ou modificá-lo, como no caso dos modelos de veículos, visto que a cada ano são feitas pequenas mudanças nos modelos ofertados.
- **Reposicionar um produto**: nesse caso, o trabalho será atuar de modo a adequar a imagem da marca ou do produto de acordo com o que se quer comunicar aos consumidores.
- **Proliferação de marcas**: nessa estratégia, o foco está na ampliação da linha de produtos, que visa expandir a gama de ofertas da empresa, seja na diversidade de formas de apresentação e tamanho de embalagens, como no caso da Coca-Cola, seja na diversificação de sabores, como no caso dos iogurtes da Danone.

Em síntese, as decisões estratégicas no composto de produto desempenham um papel crucial no sucesso contínuo e na evolução de uma marca em um mercado dinâmico. Optar por lançar novos produtos, modificar ou retirar os existentes, reposicionar uma marca ou, até mesmo, proliferar a linha de produtos é algo que reflete não apenas uma resposta às demandas e expectativas dos consumidores, mas também uma previsão das tendências de mercado e adaptação a elas. Portanto, é essencial que as empresas mantenham uma abordagem proativa e inovadora em seu *mix* de marketing, garantindo que continuem relevantes, competitivas e alinhadas às necessidades e aos desejos de seus clientes.

3.1.2 Preço

No *mix* de marketing, o preço se refere ao montante de dinheiro cobrado por um produto ou serviço e envolve todos os custos de produção, distribuição e divulgação, além das margens de lucro.

É importante ressaltar que, para o marketing, o foco não está na formação do preço, mas nas estratégias a serem trabalhadas a partir do momento que o preço do produto está definido pelo setor financeiro e de produção da empresa.

O preço é o elemento mais volátil do *mix* de marketing, pois pode ser facilmente ajustado e copiado pelos concorrentes. Quando comparado aos outros elementos do *mix* de marketing, o preço tem efeito imediato no comportamento do consumidor.

Como mencionamos, as empresas lucram em função da diferença entre o custo e o preço do produto, ao passo que os consumidores compram considerando a relação do preço com a percepção de valor. Isso significa que, se o preço fosse a única razão para um consumidor optar por determinado produto ou serviço, somente os mais baratos seriam vendidos, e, na prática, nem sempre esse é o caso.

É por esse motivo que o preço é um dos fatores determinantes na construção do posicionamento e na percepção qualitativa dos consumidores. Se um cliente qualificar o produto como caro, pode ser que ele desista da compra e opte pelo produto da concorrência. Por outro lado, se considerá-lo demasiadamente barato, pode ter dúvidas quanto à qualidade do produto.

Os consumidores relacionam preços altos com qualidade superior. A venda de produtos com preços baixos atinge quantidades maiores em muitos casos e apelam para um segmento específico de clientes que visam ao atributo monetário acima de todos os demais. Por outro lado, os clientes que procuram qualidade ficam mais vulneráveis a aceitar preços mais altos. (Las Casas, 2019, p. 608)

Algumas estratégias trabalhadas no composto *preço*, de acordo com Las Casas (2019), são as seguintes:

- Preço psicológico: é aquele que gera uma percepção positiva e estimula o consumidor a comprar, por perceber uma vantagem competitiva interessante. É quando uma loja anuncia um produto a R$ 49,90, e não a R$ 50,00 – isso faz com que o cérebro veja o preço de maneira competitiva e mais barata, motivando o consumidor a comprar.
- Preço promocional: é a estratégia de oferecer uma quantidade maior do produto por um preço mais competitivo, o tradicional "leve 3, pague 2", ou o formato compre um e leve outro de graça. Trata-se de uma estratégia que usa o preço de modo economicamente mais interessante (temporariamente) para incentivar a compra por impulso e maior quantidade comprada.
- Preço desconto: é a tradicional oferta com redução efetiva de preço, ou seja, um produto que custa R$ 1.020,00 pode receber um desconto de 50% e ficar à venda por R$ 510,00. Pode ser um desconto sazonal, como ações de venda de final de verão ou inverno ou, ainda, em datas especiais, como a *Black Friday*.
- Preço competitivo: é aquele fundamentado nos preços da concorrência, ou seja, a empresa analisa os preços dos concorrentes e determina um preço um pouco menor ou um pouco maior do que o de seus competidores.

- **Freemium**: é a união das palavras em inglês *free* (grátis) com *premium*. É muito utilizada quando a empresa trabalha com algum tipo de assinatura, em que oferece o produto gratuitamente, mas com limitações de acesso ou por um período determinado de tempo, com o objetivo de instigar o consumidor a fazer a assinatura da versão *premium* no futuro, como no exemplo do Spotify, indicado na Figura 3.3.
- **Skimming**: essa estratégia, também conhecida como *desnatamento*, é utilizada quando a empresa lança um produto com um preço acima do mercado como forma de controlar o consumo e incitar o desejo de compra. Com o aumento da demanda, os preços tendem ao equilíbrio.
- **Markup**: essa estratégia é mais tradicional na precificação de produtos e serviços, pois é apenas a soma de todos os custos de produção acrescida da margem de lucro (*markup*) que se deseja.
- **Preço de penetração**: o preço de penetração é a estratégia contrária ao *skimming*, ou seja, um produto é lançado a um preço inferior ao dos concorrentes, a fim de instigar a experimentação.

Figura 3.2 – Oferta Spotify

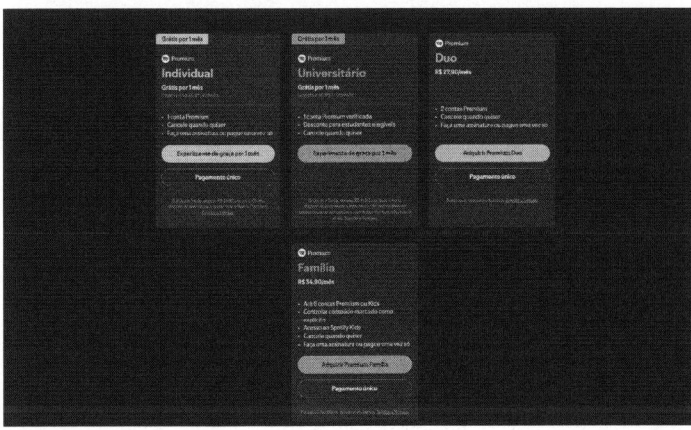

Fonte: Spotify, 2023.

Nesse exemplo da Figura 3.2, é possível perceber na prática a utilização da estratégia *freemium*, pois a Spotify oferece acesso à sua plataforma de música de modo gratuito, com limitações de acesso (apenas ouvir música em ordem aleatória), com o objetivo de instigar o consumidor a fazer a assinatura da versão *premium*, na qual a pessoa paga uma mensalidade para ter acesso a opções de uso mais qualificadas, como pular músicas sem limitações ou ouvir suas músicas sem interrupção de propagandas.

3.1.3 Ponto de venda

Esse elemento do *mix* de marketing pode causar confusão: em inglês, é chamado de *placement*. Alguns autores no Brasil, como Las Casas (2009), traduzem como *praça*; outros, como Dias (2012), utilizam a nomenclatura *ponto de venda*. O importante é compreender que esse elemento trata do lugar em que o produto é comercializado, ou seja, as atividades que tornam o produto acessível e disponível aos consumidores – pode ser tanto uma loja física quanto um *e-commerce*.

Pensar no composto *ponto de venda* é determinar as estratégias e ações voltadas à logística, ao transporte, às decisões de venda no varejo ou no atacado, à definição dos distribuidores, aos *sites*, aos parceiros, aos intermediários e revendedores, à armazenagem, ao estoque e à expedição, aos espaços físicos, ao *layout*, à decoração, à ambientação, entre outros.

As decisões estratégicas que dão ênfase ao ponto de venda dependem muito do tipo de produto ou serviço, mas basicamente se referem ao tipo de distribuição. Kotler e Keller (2012) dividem-nas da seguinte maneira:

- Exclusiva: essa estratégia atribui direitos exclusivos de comercialização a um número limitado de pontos de venda, proporcionando uma distribuição seletiva e controlada dos produtos.

- **Seletiva**: nessa abordagem, os produtos são vendidos por meio de intermediários disponíveis em uma área geográfica específica, mas não em todas as regiões, permitindo um controle mais refinado da distribuição.
- **Intensiva**: essa estratégia visa alcançar o maior número possível de canais de distribuição, ampliando a disponibilidade dos produtos para atingir um público mais amplo.

Em síntese, uma empresa pode optar por vender seus produtos em lojas próprias ou em lojas multimarcas, bem como pode escolher pela venda em lojas físicas ou via *e-commerce*; pode decidir-se por fazer entregas ou proporcionar a retirada na loja física; e pode trabalhar com vários canais de venda diferentes, mediante uma estratégia *omnichannel*, de modo a proporcionar uma experiência mais completa ao consumidor.

A Nike Rise, loja da marca inaugurada em Seoul, na Coreia do Sul, em 2021, é um novo conceito de loja *omnichannel*, modelo que unifica ainda mais as fronteiras do digital e do físico, gerando uma experiência de compra física completamente imersiva, por meio de uma plataforma digital que está presente em todos os níveis da loja para produzir uma experiência de varejo totalmente envolvente (Nike, 2024).

Uma das experiências que a Nike Rise oferece é a *Inside Track*, uma mesa digital interativa em que os clientes podem, somente colocando o tênis sobre a mesa, comparar os detalhes de cada calçado, como tecnologia e materiais, além de conferir as avaliações *on-line* (Nike, 2024).

3.1.4 Promoção

O último elemento do *mix* de marketing, a promoção, talvez seja o mais conhecido, pois envolve as decisões estratégicas relativas às ações de comunicação – propaganda, publicidade, promoção de vendas, *merchandising*, relações públicas, assessoria de imprensa, marketing digital, entre outras ações de divulgação.

Cada vez mais as pessoas estão envolvidas com as mídias digitais. Nesse contexto, cabe às marcas levar em consideração na hora de definir suas estratégias de comunicação ações focadas em search engine optimization (SEO), ou seja, otimização dos mecanismos de busca, bem como em marketing de conteúdo (*blogs*, redes sociais ou *podcasts*) e *links* patrocinados (anúncios no Google e nas redes sociais).

Essa ênfase no marketing digital revolucionou o modo como as empresas se relacionam com o público, permitindo uma abordagem mais segmentada e interativa. Nesse sentido, o inbound marketing se tornou uma dimensão essencial, pois é uma estratégia que visa atrair, engajar e converter clientes, baseando-se na oferta de conteúdo relevante e de qualidade, que visa resolver problemas e atender às necessidades do público-alvo.

Uma das principais ferramentas do *inbound* marketing é o marketing de conteúdo, que consiste em criar e compartilhar materiais informativos e atrativos para o público, como artigos, vídeos, infográficos e *e-books*. Essa abordagem visa educar, informar, entreter e engajar os consumidores, construindo relacionamentos de longo prazo e posicionando a organização como uma autoridade em seu setor. Além disso, permite estabelecer um relacionamento positivo com os clientes, visto que cria um senso de comunidade em torno da marca.

A gestão de mídias digitais é fundamental para o sucesso das estratégias de marketing digital. Com a presença crescente das empresas nas redes sociais, a gestão eficiente dessas plataformas se tornou imprescindível para aumentar a visibilidade da marca e promover produtos e serviços de modo relevante. Por meio das mídias digitais, as organizações podem se conectar diretamente com seu público, gerando interações significativas e construindo uma presença relevante no ambiente digital.

> **Importante!**
>
> A combinação do *inbound* marketing, do marketing de conteúdo, do SEO e da gestão de mídias digitais permite que as empresas alcancem resultados excepcionais no cenário atual do marketing. Com uma abordagem centrada no cliente, fundamentada em conteúdos relevantes e na presença estratégica nas redes sociais, as organizações podem construir relacionamentos sólidos e duradouros com seu público, aumentando a visibilidade da marca, impulsionando o crescimento dos negócios e alcançando o sucesso no ambiente digital.

As organizações empregam uma variedade de estratégias de comunicação para alcançar seus públicos-alvo e promover seus produtos ou serviços. No contexto digital, as estratégias se tornaram ainda mais diversificadas e dinâmicas, aproveitando-se as plataformas *on-line* para criar engajamento e interação com os consumidores. Além do marketing de conteúdo, as mídias sociais desempenham um papel fundamental nas estratégias de comunicação digital das organizações. Plataformas como Facebook, Instagram, Twitter e LinkedIn oferecem oportunidades únicas para as marcas se conectarem com seu público de maneira autêntica e pessoal. As organizações podem utilizar esses canais para compartilhar atualizações da empresa, promover produtos ou serviços, responder a perguntas dos clientes e, até mesmo, realizar campanhas publicitárias segmentadas.

Outra estratégia importante é o uso de influenciadores digitais, mencionado anteriormente, pois eles têm o poder de alcançar públicos específicos e engajados. Nessa perspectiva, as organizações, muitas vezes, buscam parcerias com influenciadores para promover seus produtos de maneira mais autêntica e convincente. Essas parcerias podem variar desde postagens patrocinadas em mídias sociais até colaborações em conteúdo de vídeos ou *blogs*.

O e-mail também continua sendo uma estratégia eficaz de comunicação digital. As organizações podem usar o *e-mail* para enviar *newsletters*, ofertas especiais, atualizações de produtos e informações relevantes para os clientes. Com ferramentas de automação de marketing, é possível personalizar ainda mais essas comunicações com base no comportamento e nas preferências individuais dos destinatários.

Por fim, há o marketing de busca, que engloba tanto o SEO quanto o *search engine advertising* (SEA). O SEO visa melhorar a visibilidade do *site* nos resultados de pesquisa orgânica, otimizando seu conteúdo e sua estrutura para os algoritmos dos mecanismos de busca. Já o SEA envolve a exibição de anúncios pagos nos resultados de pesquisa, permitindo que as organizações alcancem rapidamente um público-alvo altamente segmentado. Essas estratégias de comunicação digital são essenciais para o sucesso das empresas na era digital, pois permitem que se destaquem em um mercado cada vez mais competitivo e interconectado.

Quando o foco é a estratégia de divulgação, o importante é compreender onde está o público da marca: onde os consumidores costumam pesquisar informações sobre os produtos do segmento para utilizar esses canais para impactar esses clientes.

Além disso, é preciso ter em mente o posicionamento da marca, a linguagem e o tom de voz da empresa e definir quais os principais canais de comunicação, desde os canais *off-line*, ou seja, as mídias tradicionais (televisão, rádio, *outdoors*, jornais, revistas etc.), até os canais *on-line*, comentados anteriormente.

Vale salientar que as estratégias de comunicação *off-line* e tradicionais continuam desempenhando um papel importante no *mix* de marketing das organizações, especialmente para alcançar públicos que podem não estar tão presentes no ambiente digital. Algumas das principais estratégias *off-line* incluem:

- **Publicidade em mídia impressa**: anúncios em revistas, jornais, panfletos e *outdoors* são exemplos de publicidade impressa que ainda são amplamente utilizados para alcançar públicos locais ou específicos.
- **Marketing direto**: o marketing direto envolve o envio de materiais promocionais diretamente para os clientes por meio de correio físico, como cartas de vendas, catálogos e amostras grátis. Essa estratégia é especialmente eficaz para empresas que desejam segmentar públicos específicos e personalizar suas mensagens.
- **Eventos e patrocínios**: participar de eventos de *networking*, feiras comerciais e conferências é uma maneira eficaz de as organizações se conectarem com clientes em potencial e estabelecerem relacionamentos pessoais. Além disso, patrocinar eventos ou equipes esportivas locais pode aumentar a visibilidade da marca e gerar boa vontade na comunidade.
- **Relações públicas**: incluem atividades como assessoria de imprensa, gestão de crises, divulgação de comunicados de imprensa e organização de eventos para aumentar a visibilidade da marca e melhorar sua reputação. Essa estratégia é importante para construir e manter a imagem positiva da empresa perante o público e a mídia.

Importante!

Embora o marketing digital tenha ganhado destaque nos últimos anos, as estratégias de comunicação *off-line* permanecem relevantes e eficazes no alcance de determinados públicos-alvo e objetivos de marketing. O segredo está em encontrar o equilíbrio certo entre as abordagens *on-line* e *off-line* para maximizar o impacto da mensagem da marca.

Vale destacar que o ideal é trabalhar a comunicação de modo integrado, ou seja, que todos os pontos de contato da marca transmitam uma mesma mensagem, a qual deve ser forte, única e sustentar claramente seu posicionamento. Não se trata de repetir exatamente um mesmo anúncio em diversos canais, mas de conseguir repassar uma mesma ideia ou conceito de diversas maneiras, de modo a referendar a força da marca.

3.2 Orientação para produto

Em função das transformações no comportamento dos consumidores, os profissionais de marketing precisam definir quais os esforços devem ser trabalhados pela empresa.

Quando os consumidores dão preferência aos produtos que proporcionam qualidade superior e desempenho significativo ou apresentam alguma inovação, diz-se que a orientação é focada no produto.

A orientação para produto é uma abordagem no marketing que enfatiza a criação e a oferta de produtos com características superiores, desempenho significativo ou inovação. Nesse contexto, os consumidores tendem a valorizar produtos que atendam às suas necessidades e expectativas de modo excepcional, o que coloca o produto como elemento central da estratégia de marketing.

Dois dos principais elementos utilizados quando a ênfase está no produto são o selo de qualidade e a denominação de origem controlada (DOC), que garantem que os produtos atendam a um conjunto de regras e controles. Entretanto, é importante destacar que a simples oferta de um produto inovador ou de alta qualidade não é garantia de sucesso de vendas. Apenas a excelência do produto não é suficiente para atingir os objetivos comerciais. Para que o produto alcance seu potencial máximo de vendas, é essencial que os demais elementos do *mix* de marketing também estejam bem alinhados estrategicamente.

Um dos elementos cruciais é o preço competitivo, que deve refletir o valor percebido pelo cliente em relação ao produto. Além disso, a distribuição adequada é fundamental para garantir que o produto esteja disponível onde o cliente deseja adquiri-lo, aumentando a conveniência da compra. Por outro lado, a promoção positiva do produto é indispensável para comunicar seus benefícios e diferenciais aos consumidores. Isso inclui o uso de estratégias de comunicação eficazes, como publicidade, promoções, marketing de conteúdo e presença nas redes sociais.

Assim, a orientação para produto requer um olhar crítico e estratégico para garantir que todos os elementos do *mix* de marketing estejam alinhados de maneira coesa e integrada. Somente desse modo é possível maximizar as chances de sucesso na oferta do produto e conquistar a preferência do cliente no mercado altamente competitivo da atualidade. Portanto, a excelência do produto é um pilar importante, mas somente quando integrada a uma estratégia global e bem orquestrada possibilitará a construção de uma marca sólida e o alcance de resultados expressivos no ambiente de negócios.

3.3 Orientação para produção

A orientação para produção é uma abordagem que, no marketing, define a eficiência da produção e a redução de custos como principais prioridades para a empresa. Nesse modelo, a organização busca atingir uma alta produtividade e economia de escala, visando produzir em grande quantidade e vender seus produtos por lotes.

Essa orientação é especialmente relevante em contextos em que há alta demanda por produtos padronizados e de baixo custo. É comum em setores como o automobilístico, de eletrônicos e de alimentos e bebidas, cuja eficiência na produção é fundamental para a competitividade.

De acordo com Dias (2012), no ambiente de negócios *business-to-business* (B2B), a orientação para produção é frequentemente adotada por empresas que fornecem insumos e matérias-primas para outras indústrias. Nesse caso, a compra por maior quantidade e a oferta de descontos por volume são estratégias comuns para atrair clientes e manter a eficiência logística. Por outro lado, no cenário *business-to-consumer* (B2C), essa orientação também pode ser aplicada em mercados cuja demanda é alta e os consumidores buscam produtos acessíveis e de qualidade consistente. A oferta de produtos em grande escala pode atender às necessidades de um público amplo e diversificado, aumentando as oportunidades de venda e fidelização (Dias, 2012).

Contudo, é importante destacar que a orientação para produção tem limitações e desafios. A ênfase excessiva na eficiência da produção pode levar a uma negligência na compreensão das necessidades e dos desejos específicos dos clientes, o que pode comprometer a competitividade em mercados mais segmentados e sensíveis à diferenciação. Além disso, a distribuição massificada requer uma logística bem estruturada para garantir a disponibilidade dos produtos nos pontos de venda adequados. A falta de alinhamento com as demandas do mercado pode resultar em excesso ou falta de estoque, afetando negativamente a satisfação do cliente e a rentabilidade da empresa.

Dessa maneira, embora a orientação para produção seja uma abordagem válida em muitos cenários, é fundamental que as empresas também considerem outros fatores relevantes, como a pesquisa de mercado, a compreensão do comportamento do consumidor e a busca pela diferenciação e inovação, a fim de garantir uma vantagem competitiva sustentável e a satisfação dos clientes.

3.4
Orientação para marketing e vendas

A orientação para marketing e vendas é uma abordagem que reconhece a distinção entre as necessidades do vendedor e as do comprador. A venda está centrada nas necessidades do vendedor de converter o produto em dinheiro, e o marketing é orientado para satisfazer as necessidades do consumidor por meio do produto e de um conjunto abrangente de fatores relacionados à sua criação, à sua entrega e ao seu consumo.

No caso da orientação para vendas, o vendedor tem como principal objetivo fechar a venda, algo que exige, muitas vezes, persuasão e negociação. A ênfase está na concretização da transação e no cumprimento das metas de venda estabelecidas pela empresa. Essa abordagem pode ser eficaz em cenários em que o produto tem alta demanda e os clientes estão dispostos a comprar com base em incentivos comerciais, embora possa não ser suficiente para construir relacionamentos duradouros com eles.

A orientação para marketing, por sua vez, coloca o cliente como peça central da estratégia. Como já mencionamos, o marketing busca compreender as necessidades, os desejos e as preferências do consumidor, a fim de desenvolver produtos e serviços que satisfaçam essas demandas. Além disso, engloba a criação de valor para o cliente por meio de aspectos como embalagem, *branding*, posicionamento, comunicação e experiência de compra. O objetivo é construir relacionamentos sólidos e fidelizar os clientes no decorrer do tempo.

Nesse contexto, a relação entre o marketing e a venda é essencial. O marketing atua como um apoio para a equipe de vendas, fornecendo informações e ferramentas que ajudam no processo de venda. Ao entender profundamente as necessidades do consumidor, o marketing pode oferecer informações valiosas para os vendedores, permitindo uma abordagem mais personalizada e relevante para cada cliente em potencial.

Além disso, pode criar campanhas e ações promocionais que impulsionam o interesse e a demanda pelos produtos, facilitando o trabalho dos vendedores.

Portanto, a orientação para marketing e vendas reconhece a importância de alinhar as estratégias comerciais com as necessidades do consumidor, ao mesmo tempo que proporciona suporte e ferramentas para que a equipe de vendas alcance seus objetivos. Essa integração entre marketing e vendas é fundamental para o sucesso da empresa, pois cria uma abordagem completa que valoriza a satisfação do cliente e o alcance dos resultados comerciais desejados.

3.5
Orientação para logística e distribuição

A orientação para logística e distribuição é uma abordagem que, no marketing, enfatiza a disponibilidade e a acessibilidade dos produtos para os consumidores. Nesse modelo, reconhece-se que os clientes tendem a comprar produtos que estejam mais acessíveis, ou seja, facilmente disponíveis nos locais e nos momentos em que desejam adquiri-los.

A logística exerce papel fundamental nessa orientação, pois se concentra na gestão eficiente do fluxo de produtos, desde a produção até o ponto de venda. Isso inclui atividades como armazenamento, transporte, controle de estoque e distribuição. A logística bem estruturada permite que os produtos cheguem aos consumidores de maneira rápida e eficaz, aumentando a conveniência da compra.

A distribuição adequada também é fundamental ao processo de orientação para logística e distribuição. Mediante uma estratégia de distribuição bem planejada, os produtos podem ser colocados em pontos de venda estratégicos, atendendo às preferências de compra dos consumidores. Isso pode incluir a disponibilidade em diferentes canais de distribuição, como lojas físicas, *e-commerce*, atacado e varejo. Além disso, essa orientação considera a importância da gestão de estoque. Manter níveis adequados de estoque é essencial para evitar problemas de falta ou de excesso de produtos, garantindo que os consumidores possam encontrar os produtos desejados sempre que precisarem.

É importante ressaltar que a acessibilidade do produto não se limita à sua disponibilidade física: inclui fatores como facilidade de compra, opções de pagamento e prazos de entrega. Logo, essa orientação busca oferecer uma experiência de compra positiva e conveniente para os consumidores, aumentando as chances de satisfação e fidelização.

Em resumo, a orientação para logística e distribuição reconhece a importância de tornar os produtos acessíveis aos clientes, garantindo que estejam disponíveis nos locais e nos momentos adequados. Por meio de uma logística eficiente e de uma estratégia de distribuição bem planejada, as empresas podem atender às necessidades dos consumidores de modo ágil e conveniente, contribuindo para o sucesso no mercado competitivo atual.

● Síntese

Neste capítulo, apresentamos os elementos fundamentais de toda e qualquer estratégia de marketing. Praticamente todas as ações de marketing estão direta ou indiretamente relacionadas aos 4Ps: produto, preço, ponto de venda e promoção.

Produto nada mais é do que o conjunto de atributos físicos e serviços agregados que são oferecidos ao mercado. Um produto tem como objetivo principal satisfazer os desejos e/ou as necessidades dos consumidores por meio dos benefícios que oferece. Os preços são fatores essenciais para as empresas, já que agregam valor aos produtos ou serviços, além de gerar retorno financeiro. Vale reforçar que o preço é o elemento mais rapidamente ajustável do composto de marketing.

Os pontos de venda são bastante importantes, pois é por meio deles que as empresas disponibilizam seus produtos para os consumidores em locais acessíveis. Por fim, as ações promocionais, que incentivam o consumidor a comprar por meio de campanhas de comunicação. A promoção costuma ser o elemento do composto de marketing mais conhecido, sendo até mesmo confundida com o próprio marketing – muitas vezes, as pessoas acreditam que marketing é apenas propaganda e promoção de vendas. Entretanto, ela também engloba a comunicação, fundamental em qualquer estratégia de marketing, afinal, não basta apenas ter um bom produto, um preço competitivo e uma distribuição adequada se a empresa não comunicar que está oferecendo tudo isso.

Conforme salientamos, as quatro orientações de marketing são abordagens distintas que guiam as estratégias das empresas na busca pela satisfação do cliente e pelo alcance dos resultados comerciais desejados. A orientação para produto prioriza a qualidade e a inovação do produto, reconhecendo a importância de alinhar os demais elementos do *mix* de marketing para obter sucesso nas vendas. Já a orientação para produção concentra-se na eficiência da produção e na redução de custos, buscando disponibilizar produtos em grande quantidade e a preços acessíveis.

A orientação para marketing e vendas enfatiza a integração entre as estratégias de marketing e vendas, valorizando a compreensão das necessidades do cliente e o suporte aos vendedores. Por fim, a orientação para logística e distribuição concentra-se na acessibilidade do produto aos consumidores por meio da eficiente gestão da logística e da distribuição adequada.

Essas orientações oferecem perspectivas distintas, possibilitando às empresas adaptar suas estratégias ao mercado e às necessidades dos consumidores para obter sucesso em suas atividades comerciais.

Estudo de caso

Havaianas é uma marca brasileira de chinelos de borracha produzidos pela empresa Alpargatas, desde 1962, e que virou referência de brasilidade em todo o mundo, sendo comercializada em mais de 117 países, nos 5 continentes do planeta.

Inspirada em uma típica sandália japonesa Zori, que era feita com tiras de tecido e solado de palha de arroz, o solado de borracha das Havaianas foi desenvolvido com a textura que reproduz grãos de arroz, um dos muitos detalhes que a torna inconfundível.

O famoso *slogan* "Havaianas, as legítimas" veio acompanhado da frase "Não deformam, não soltam as tiras e não têm cheiro" nos comerciais de televisão protagonizados por Chico Anysio.

A partir de 1994, o posicionamento da marca mudou para "Havaianas: todo mundo usa", e as campanhas publicitárias, em especial na televisão, eram com pessoas famosas, como Bebeto, Hortência e Luana Piovani mostrando seus pés com Havaianas. Uma explosão de cores traduzia o alto astral da marca.

Atualmente, a marca conta com três lojas conceitos: uma na rua Oscar Freire e outra no Shopping Iguatemi, ambas em São Paulo; e uma no Shopping Leblon, no Rio de Janeiro. Conhecidas como *Espaço Havaianas*, essas lojas contam com mais de 350 modelos de chinelos, desde a sandália mais tradicional – igual ao lançamento de 1962 – até os modelos para exportação e as *colabs*, como a parceira com a marca de cristais Swarovski e os modelos com desenhos da Disney. Todos os modelos transmitem a essência da marca, toda sua descontração, criatividade e brasilidade.

Ao analisar cada um dos elementos do *mix* de marketing, é possível perceber a evolução da marca. Afinal, durante quase 30 anos, desde 1962, as Havaianas contaram com a seguinte estrutura de composto de marketing:

- produto – apenas duas opções de cores: azul e preta com solado branco;
- preço – preços baixos, um produto quase descartável;
- pontos de venda – vendidas em pequenos varejos e lojas de agropecuária;
- promoção – publicidade apenas reforçava as características do produto: "não deformam, não soltam as tiras e não tem cheiro".

A partir da década de 1990, com a nova proposição da marca, a análise dos elementos do *mix* de marketing passaram a ser classificadas da seguinte forma:

- produto – diversificação da linha de produtos com uma infinidade de modelos;
- preço – a marca instituiu valor para o produto;
- ponto de venda – lojas próprias, ampliação dos canais de venda e exportação;
- promoção – publicidade com celebridades e novo *slogan*: "Todo mundo usa".

A Alpargatas foi bastante perspicaz ao perceber a necessidade de mudanças sem perder a identidade das Havaianas. Evoluiu com o público, mas manteve sua essência de brasilidade e o espírito característico do verão. Não é à toa que as Havaianas continuam sendo uma marca mundialmente reconhecida e valorizada e que todo mundo usa.

Fonte: Elaborado com base em Havaianas, 2024.

Questões para revisão

1. Com relação às estratégias de produtos, as decisões de compra apresentam várias classificações. Então, como são classificados os sapatos de tamanho grande demais – acima de 45 para homens e acima de 42 para mulheres – em relação ao padrão dos consumidores em geral?
    a. Produtos de compra comparada.
    b. Produtos de conveniência.
    c. Produtos de especialidade.
    d. Produtos não procurados.
    e. Produtos de produção industrial.

2. Como o preço, sendo o elemento mais volátil do *mix* de marketing, pode ser estrategicamente gerenciado pelas organizações para garantir a competitividade no mercado?

3. De acordo com a evolução do conceito de *marketing*, a fase de orientação para vendas foi marcada pelo aumento da produção. A preocupação era vender o excedente de produtos produzidos em massa. A orientação nessa fase propunha:
    a. ampliar a oferta de produtos e serviços, permitindo que os consumidores dispusessem de mais opções de escolha.
    b. vender o que se fabricava, e não vender necessariamente o que os consumidores desejavam, sem se preocupar com a satisfação dos clientes.
    c. compreender os hábitos dos consumidores, avaliando os concorrentes e procurando atender outros públicos.
    d. atender aos desejos dos consumidores de maneira mais eficiente do que a concorrência.
    e. vender apenas produtos e serviços que os consumidores avaliassem como essenciais.

4. O que significa *preço psicológico*?
5. Cada vez mais o marketing de massa se torna menos eficiente e dispendioso para as empresas. Dessa maneira, grande parte das empresas adota o marketing segmentado para conquistar e manter seus clientes, atendendo cada grupo de consumidores com um composto de marketing distinto. A partir dessa visão, o *mix* de marketing é composto de:
   a. Preço, pontos de venda, publicidade e promoção.
   b. Preço, produto, promoção e distribuição.
   c. Produto, planejamento, distribuição e promoção.
   d. Pontos de venda, propaganda, preço e promoção.
   e. Planejamento, pontos de venda, publicidade e preço.

Questões para reflexão

1. De maneira geral, o marketing tem o objetivo de satisfazer as necessidades e os desejos dos clientes. Entretanto, alguns autores argumentam que o marketing cria necessidades e desejos anteriormente inexistentes. De acordo com esses profissionais, as estratégias focadas nos 4Ps do marketing (produto, preço, ponto de venda e promoção) incentivam os consumidores a comprar mais do que deveriam. Com base no que foi apresentado no capítulo, você acredita que o marketing cria as necessidades e os desejos dos consumidores?

2. Vá a um supermercado e compare dois produtos concorrentes diretos – Nescau e Toddy, Omo e Ariel, Seda e Pantene, por exemplo. Analise as embalagens, as informações apresentadas nos rótulos, a variedade de sabores ou tipos, se houver. Observe todas as estratégias de marketing que você conseguir identificar e, posteriormente, verifique se há algum material de *merchandising* no ponto de venda e o que comunica sobre o produto. Por fim, compare os preços e faça uma análise considerando os quatro elementos do *mix* de marketing.

4 Abordagens de mercado

● Conteúdos do capítulo:
- Marcas.
- Processo de entrega de valor.
- Pesquisas.
- Relacionamentos.
- Sistema de informações de marketing.

● Após o estudo deste capítulo, você será capaz de:
1. definir os conceitos e componentes estratégicos de uma marca;
2. desenvolver o processo de entrega de valor de uma marca;
3. indicar os modelos de pesquisa de marketing e de mercado;
4. elencar os conceitos de relacionamento na visão estratégica de marketing;
5. identificar o sistema de informação de marketing (SIM).

Para que uma organização alcance o sucesso, é preciso compreender o processo de entrega de valor ao cliente, o qual envolve o desenvolvimento de produtos e serviços que satisfaçam as necessidades do cliente. Além disso, é importante a definição de preços que ofereçam um bom valor, a criação de comunicações que informem e persuadam o cliente e a disponibilização de produtos e serviços em locais convenientes.

Assim, neste capítulo, abordaremos como as marcas desempenham um papel fundamental, pois representam a identidade da empresa e transmitem valores e benefícios para o cliente. É por meio delas que o cliente identifica o produto ou serviço e atribui valor a ele. Portanto, a construção e a gestão de marcas são processos essenciais para o sucesso da empresa.

Em seguida, demonstraremos como se constrói e se mantém um relacionamento duradouro com o consumidor, indicando que a organização deve utilizar pesquisas de marketing para entender suas necessidades e seus desejos. A empresa pode identificar oportunidades de mercado e ajustar sua oferta para atender às demandas do cliente por meio de pesquisas. Além disso, deve investir em sistemas de informação de marketing (SIM) para coletar, armazenar e analisar dados do cliente e do mercado.

Com essas informações, a organização será capaz de criar estratégias de segmentação e posicionamento para atender às necessidades específicas de cada grupo de clientes. Isso permite que a empresa desenvolva um relacionamento mais próximo de seus consumidores, oferecendo produtos e serviços que atendam às suas especificidades.

Por fim, analisaremos como a construção de relacionamentos duradouros com o cliente requer a criação de um sistema de relacionamento com o cliente. Isso envolve a construção de confiança e fidelidade do cliente por meio de interações regulares e personalizadas.

4.1 Marcas

As marcas fazem parte do dia a dia dos consumidores. Da escova e da pasta de dentes ao acordar até o carro que a pessoa utiliza para se locomover, todos os produtos e serviços consumidos no decorrer do dia tem uma marca.

Com a infinidade de marcas com que convivemos ao longo de um dia, e mais toda a carga de informação, o fato de lembrarmos especificamente de uma marca já é bastante relevante. Afinal, lembrar de determinada marca e não de outras é o que faz com que os profissionais de marketing se dediquem tanto ao tema.

Para a American Marketing Association (AMA, 2022), *marca* é "um nome, sinal, símbolo ou combinação dos mesmos, que tem o propósito de identificar bens ou serviços de um vendedor ou grupo de vendedores e de diferenciá-los de seus concorrentes".

As empresas buscam se diferenciar por meio de atributos que apresentam valor aos consumidores. Como apresentado no Capítulo 2, existem diversas maneiras de uma organização se diferenciar, e a marca é um dos principais elementos de distinção.

Sob essa perspectiva, com produtos cada vez mais qualitativamente similares, sem grandes diferenciais ou passíveis de cópias, a identificação por meio de uma marca tornou-se fundamental e um elemento vital para a diferenciação. Assim, a marca se transforma em uma promessa que se materializará por meio do produto.

> Os consumidores não compram produtos e sim as imagens associadas aos produtos. Isto é, os consumidores não compram produtos pelo seu desempenho ou funcionalidade, mas pelo que eles significam. Esse comportamento é chamado "consumo simbólico", [algo] que a teoria do simbolismo do consumo procura explicar. (Dias, 2012, p. 60)

Diante disso, as marcas têm a tarefa de ajudar os consumidores a identificar o melhor produto e a validar sua decisão de compra, uma vez que impactam as percepções de imagem e valor. Vale ressaltar a ideia de Kotler, Kartajaya e Setiawan (2020) ao explicar que um produto pode ficar ultrapassado, mas uma marca é eterna.

É importante destacar que, no contexto do marketing, o *branding* é o campo específico dedicado à gestão das marcas, o qual se concentra no desenvolvimento de estratégias e de ações que visam criar, fortalecer e posicionar uma marca no mercado.

Dessa forma, o *branding* abrange todas as atividades relacionadas à construção da identidade da marca, incluindo o *design* do logotipo, a escolha das cores e dos elementos visuais, a definição da personalidade da marca e a comunicação com o público-alvo. Além disso, o *branding* também engloba a gestão de reputação da marca, a criação de experiências positivas para os clientes e a garantia de consistência em todas as interações com a marca (Grewal; Levy, 2017).

Importante!

O objetivo principal do *branding* é estabelecer uma conexão emocional e duradoura com os consumidores que possibilite tornar a marca memorável, relevante e única em meio a uma concorrência acirrada, desempenhando um papel fundamental na construção e na sustentação do valor da marca, de modo a influenciar diretamente o reconhecimento do público e a fidelidade dos clientes.

Quanto maior for o reconhecimento de uma marca, maiores serão os impactos gerados na percepção e, consequentemente, no consumo dela. Entre esses impactos, podemos citar os seguintes (Neumeier, 2008):

- Ampliar a credibilidade: tornar uma marca mais conhecida ajuda a consolidar a percepção referente à empresa. Dessa maneira, é possível aprimorar a imagem da marca e assegurar um nível maior de credibilidade. Assim, o grau de confiança dos consumidores com relação à empresa é reforçado e aumenta o relacionamento deles com a marca.

- Aumentar a força da marca: quando os consumidores têm uma percepção positiva da marca, aumentam as chances de que a empresa alcance uma posição sólida e competitiva no mercado. Além disso, se os profissionais de marketing direcionarem bem os trabalhos estratégicos, a marca pode se tornar sinônimo dos produtos da mesma categoria, como nos casos do Cotonete, cujo nome passou a significar "hastes flexíveis de algodão"; da Gillette, que deu seu nome às lâminas de barbear; e da Maizena, que se tornou sinônimo de *amido de milho*. Nesses casos, a marca aumenta sua relevância e força no mercado.
- Provocar maior conversão: quanto maior a consciência e o reconhecimento da marca, maior a capacidade de conversão do negócio, pois facilita a tomada de decisão de compra dos consumidores. Isso acontece porque as pessoas costumam dar preferência às marcas que já conhecem, o que garante vendas às empresas.
- Garantir a percepção de diferenciação: a força da marca garante maior destaque à empresa, ampliando sua projeção e aumentando a credibilidade e o volume de vendas. Consequentemente, melhora a retenção e a fidelidade dos clientes, pois, se os consumidores tiverem uma boa experiência, é provável que continuem comprando em novas oportunidades.

Os profissionais de marketing devem definir as estratégias de marca que melhor atendam aos objetivos da empresa, assim como as estratégias ligadas ao produto, além dos direcionamentos relacionados ao público-alvo. Em síntese, devem definir as estratégias da marca, entre elas os elementos visuais e verbais, incluindo nome da marca, logotipo, símbolo, *slogan*, embalagem e ações de comunicação.

O nome da marca inclui o conjunto de letras, palavras ou números que expressam a marca do produto. O logotipo é a forma gráfica utilizada para representar o nome da marca. O *slogan* é uma frase curta, fácil de lembrar, que sintetiza o benefício ou posicionamento da marca. Como exemplo, o nome Havaianas designa a marca de sandálias da empresa Alpargatas. O logotipo é o nome da marca escrito em letras gráficas vermelhas. O *slogan* é a expressão "as legítimas", que acompanha o logotipo. (Dias, 2012, p. 64)

Além dos elementos fundamentais apresentados – nome, elementos visuais, logotipo, *slogan* e embalagem –, existem outras decisões estratégicas importantíssimas a serem definidas, em especial com relação aos componentes da marca.

Uma delas é a marca Individual, também conhecida como *estratégia de marcas múltiplas*, que ocorre quando a empresa define um nome de marca para cada produto sem que haja alinhamento estratégico entre eles (Kotler; Keller; 2012). O intuito é fazer com que cada produto de uma empresa tenha uma marca individual e própria para que alcance o sucesso sem estar diretamente ligado ao seu fabricante.

Um exemplo de empresa que utiliza a estratégia de marca individual é a Volkswagen. A empresa utiliza essa estratégia para fortalecer e diferenciar suas diversas linhas de produtos no mercado, como os carros Gol, Voyage, Virtus, Nivus, Polo, T-Cross e Jetta. Isso permite que cada produto da organização seja tratado como uma marca independente, com identidade, posicionamento e imagem próprios. Isso significa que cada produto tem seu próprio nome e logotipo, além de contar com campanhas de marketing específicas.

Ao adotar essa abordagem, as empresas que optam pela estratégia de marca individual conseguem alcançar diferentes segmentos de mercado e atender a diversas necessidades e preferências dos consumidores.

Cada marca individual tem a flexibilidade de se adaptar às características e demandas específicas do público-alvo, o que contribui para uma maior relevância e eficácia nas estratégias de comunicação e vendas.

Na estratégia marca de família, todos os produtos da empresa utilizam a mesma marca. A vantagem dela é reforçar a marca do fabricante, embora um problema com um produto possa estender a visão negativa a todos os outros produtos da organização.

Um exemplo clássico de marca de família é o Guaraná Antarctica, que conta com diversos produtos, entre eles: Guaraná Antarctica, Água Tônica Antarctica, Cerveja Antarctica e Soda Limonada Antarctica. A Peugeot também utiliza essa estratégia por meio de seus produtos Peugeot 208, Peugeot 2008 e Peugeot 3008. Essa estratégia faz com que essas empresas criem uma identidade para suas marcas, bem como uma associação positiva entre seus produtos.

Como é possível perceber, ambas as empresas utilizam o mesmo nome de marca para diversos produtos. Isso cria uma conexão entre eles, aumentando o reconhecimento da marca e transmitindo uma mensagem de confiança e qualidade aos consumidores. No caso da Guaraná Antarctica, a estratégia de marca de família é aplicada aos diferentes tipos de bebida que a marca oferece. Ao manter o nome *Antarctica* em todas as suas variações, a empresa consolida sua posição no mercado de bebidas, criando uma identidade forte e uma imagem consistente perante os consumidores. Já a Peugeot utiliza a estratégia de marca de família para seus automóveis. Ao atribuir o nome "Peugeot" a todos os seus modelos de carros, a empresa reforça a identidade da marca no segmento automotivo e destaca seus valores e atributos específicos. Isso facilita a comunicação e a promoção dos produtos, tornando a marca mais facilmente reconhecível pelos consumidores.

A estratégia de marca de família também permite que as empresas alcancem economias de escala em suas operações de marketing e produção. Ao compartilhar a mesma marca em diferentes produtos, as empresas podem maximizar o impacto de suas campanhas publicitárias e aproveitar a reputação positiva que já consolidaram no mercado.

Outra estratégia, a marca por linha, leva o uso de uma mesma marca para toda uma linha de produtos de uma empresa.

A marca Leite Moça, por exemplo, utiliza a estratégia de marca por linha para estabelecer identidades distintas para seus produtos e atender a diferentes segmentos de mercado. Nessa abordagem, cada linha de produtos recebe um nome próprio, mantendo a identidade *Leite Moça* como marca-mãe, mesmo atribuindo identidades únicas para cada categoria de produto. Por exemplo: Leite Condensado Moça – caixa, Leite Condensado Moça – lata, Leite Condensado Moça – *light*, Chocolate Moça, Achocolatado Moça, Biscoito Recheado Moça e Sorvete Moça.

As empresas que adotam a estratégia de marca por linha podem ampliar sua presença no mercado e oferecer uma variedade de produtos que atendam a diferentes necessidades e preferências dos consumidores. Cada linha de produtos pode ser posicionada de maneira específica, transmitindo valores e atributos únicos, o que permite que a marca alcance diversos públicos e gere maior engajamento emocional em seus clientes.

No caso da marca própria, os profissionais de marketing optam por essa estratégia quando apresentam uma marca de propriedade de uma rede varejista ou atacadista. Os produtos costumam ser produzidos por fabricantes terceirizados, o que possibilita maior poder de negociação com os fornecedores.

Figura 4.1 – Exemplos de marcas próprias

Leite Condensado Integral Carrefour Classic 395 g	Papel Higiênico Folha Dupla 30 Metros Carrefour Leve 16 e Pague 15
 Creme de Leite Carrefour 200g	Arroz Branco Longo-fino Tipo 1 Grãos Selecionados Carrefour 5Kg

Fonte: Carrefour, 2023.

    A Figura 4.1 apresenta o exemplo do Carrefour, que utiliza a estratégia de marca própria como um modo de oferecer produtos exclusivos aos seus clientes e fortalecer sua presença no mercado varejista. Ao adotar essa estratégia, pode-se oferecer uma ampla variedade de produtos exclusivos que são reconhecidos como pertencentes à marca do próprio varejista. Isso proporciona ao Carrefour maior controle sobre a qualidade e a oferta dos produtos, permitindo maior flexibilidade para atender às preferências e às demandas dos consumidores.

A marca própria também permite às empresas que utilizam essa estratégia competir de maneira mais eficaz em termos de preço e margens, já que podem eliminar os custos de intermediários e trabalhar diretamente com fornecedores para desenvolver produtos exclusivos com preços mais competitivos. Isso beneficia tanto a empresa, que pode aumentar sua lucratividade, quanto os consumidores, que podem encontrar produtos de qualidade a preços mais acessíveis.

4.2 Processo de entrega de valor

O valor, como explicamos anteriormente, é empregado pelo marketing para descrever a percepção relacionada ao custo-benefício dos consumidores em relação a um produto, um serviço ou uma marca. Em outras palavras, é uma maneira que os consumidores utilizam para quantificar tanto os benefícios quanto os custos envolvidos na compra de um produto.

É importante destacar que a entrega de valor deve levar em conta a qualidade, os serviços agregados e o preço de um produto e/ou serviço. Assim, quanto maior for a qualidade e os serviços entregues, maior será a percepção dos benefícios; por outro lado, os consumidores terão maior percepção dos custos quanto maior for o preço do produto.

Outro ponto referente ao processo de entrega de valor é o de que a criação de valor é bastante subjetiva, pois o que pode ser considerado barato para determinado consumidor para outro pode ser avaliado como caro, e isso interfere na percepção, que é totalmente individual.

De acordo com Kotler e Keller (2012, p. 34), em "uma economia extremamente competitiva, com compradores cada vez mais racionais diante de uma abundância de opções, uma empresa só pode vencer ajustando o processo de entrega de valor e selecionando, proporcionando e comunicando um valor superior". Os autores salientam, ainda, que existem duas visões ligadas ao processo de entrega de valor. Na primeira, chamada de **visão tradicional**, a empresa produz o produto e, na sequência, vende-o. Essa visão não funciona adequadamente em mercados acirrados e competitivos, pois se fundamenta na premissa de que os consumidores comprarão o suficiente para que o lucro seja gerado. Já na segunda visão, denominada **criação e entrega de valor**, a empresa busca selecionar, entregar e comunicar valor para o mercado, ultrapassando o foco de apenas produzir e vender produtos.

Kotler e Keller (2012) definem essas etapas de criação e entrega de valor da seguinte maneira:

- **Selecionar valor**: etapa do marketing que ocorre antes da existência do produto em si, na qual os profissionais de marketing definem a segmentação dos consumidores, a seleção do mercado-alvo e a descrição do posicionamento de valor.
- **Entregar valor**: nessa fase, os profissionais de marketing especificam as estratégias relativas ao produto, aos serviços agregados, ao preço e à distribuição.
- **Comunicar valor**: o objetivo dessa etapa é informar ao mercado a existência do produto, utilizando-se das ferramentas de comunicação integradas de marketing, como publicidade, marketing digital e relações públicas.

Em síntese, as etapas de criação e entrega de valor, conforme delineadas por Kotler e Keller (2012), são fundamentais para garantir que as empresas não apenas atendam, mas também superem as expectativas dos consumidores. Nesse processo, cada fase é crucial: inicia-se com a seleção cuidadosa de valor, em que a segmentação de mercado e o posicionamento são definidos; então, passa-se pela entrega eficaz desse valor por meio de estratégias bem pensadas de produto, preço e distribuição; e, por fim, chega-se à comunicação eficiente e integrada desse valor ao mercado. Essa abordagem sistemática assegura que todas as atividades de marketing estejam alinhadas e contribuam para a construção de uma percepção de valor duradoura na mente dos consumidores. Ao executar essas etapas com excelência, as empresas podem criar uma base sólida para o sucesso sustentável, mantendo uma vantagem competitiva em mercados cada vez mais saturados e em constante mudança.

4.3 Pesquisas

A pesquisa de marketing é praticamente uma obrigatoriedade para que os profissionais da área possam tomar decisões de maneira assertiva. "Ela compreende um conjunto de técnicas e princípios para coletar, registrar, analisar e interpretar sistematicamente os dados que podem auxiliar os decisores envolvidos com a promoção de produtos, serviços ou ideias" (Grewal; Levy, 2017, p. 210).

Sob essa perspectiva, a pesquisa de marketing subsidia os profissionais de marketing com informações fundamentais que permitirão a tomada de decisões sobre o perfil de público-alvo, as decisões relativas ao posicionamento, assim como todas as estratégias ligadas ao *mix* de marketing – produto, preço, ponto de venda e promoção.

> Pesquisa de marketing é a função de ligar o consumidor, o cliente e o público ao profissional de marketing por meio de informações utilizadas para identificar e definir oportunidades e problemas de marketing, gerar, refinar e avaliar ações de marketing, monitorar o desempenho do marketing e melhorar o entendimento do marketing como um processo. (AMA, 2022)

Em outras palavras, a pesquisa abrange a coleta, a análise, a interpretação de dados e os relatórios finais com as informações que podem vir a ser utilizadas pelos profissionais de marketing. O processo de pesquisa de marketing costuma ser dividido em cinco fases, conforme apresentado na Figura 4.2.

Figura 4.2 – Processo de pesquisa de marketing

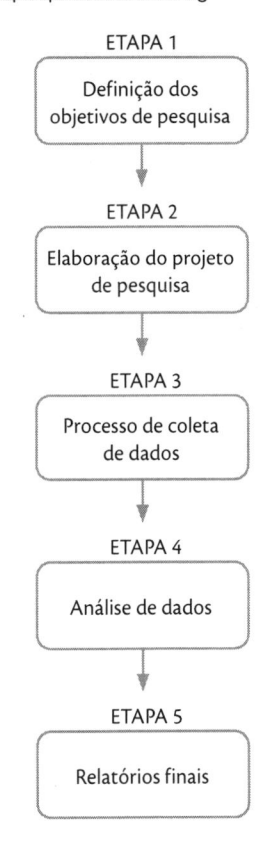

```
           ETAPA 1
    ┌──────────────────┐
    │   Definição dos   │
    │ objetivos de pesquisa │
    └──────────────────┘
             ▼
           ETAPA 2
    ┌──────────────────┐
    │ Elaboração do projeto │
    │    de pesquisa    │
    └──────────────────┘
             ▼
           ETAPA 3
    ┌──────────────────┐
    │ Processo de coleta │
    │     de dados      │
    └──────────────────┘
             ▼
           ETAPA 4
    ┌──────────────────┐
    │  Análise de dados │
    └──────────────────┘
             ▼
           ETAPA 5
    ┌──────────────────┐
    │  Relatórios finais │
    └──────────────────┘
```

Fonte: Elaborado com base em Kotler; Keller, 2012.

Podemos citar como exemplo da primeira fase do processo de pesquisa as redes de *fast food*. O Burger King, por exemplo, pode tentar entender como está a experiência de seus clientes em relação a suas lojas e a seus produtos. Para tanto, a empresa pode pesquisar como está a experiência nos restaurantes de seu principal concorrente, o McDonald's. Pode, ainda, avaliar como seus clientes percebem a precificação dos combos: se gostam da combinação hambúrguer, batatas fritas e refrigerante ou se preferem uma combinação diferente. Também pode avaliar quais produtos os consumidores desejariam incluir no cardápio da marca.

Qualquer um desses temas pode ser um ponto de partida ou um objetivo para um projeto de pesquisa para os profissionais de marketing do Burger King. Além disso, a complexidade do projeto dependerá da disponibilidade de tempo e dos recursos que a empresa decide investir na pesquisa, assim como da quantidade de informações que precisam ser apuradas e aprofundadas.

A partir dos objetivos do projeto definidos na primeira etapa, a segunda fase do processo de pesquisa de marketing é a elaboração do projeto de pesquisa propriamente dito. Nesse ponto, os profissionais de marketing identificam quais informações são buscadas e definem qual modelo de pesquisa será o ideal para que seja possível alcançar esses dados.

São diversos modelos para realizar uma pesquisa de marketing, entre elas a pesquisa quantitativa, com seus tradicionais questionários, que podem ser abertos ou fechados – respostas abertas e dissertativas ou respostas que serão escolhidas entre opções apresentadas. As *pesquisas quantitativas*, como o próprio nome sugere, sempre buscam resultados que podem ser quantificados e que podem ser alcançados por meio da aplicação dos questionários em um número elevado e relevante de pessoas que representam uma amostra do todo que se busca analisar.

Atualmente, diversas técnicas de pesquisa são amplamente utilizadas para coletar dados e informações relevantes em diferentes áreas, desde estudos de mercado até pesquisas acadêmicas.

Apresentaremos a seguir algumas das principais técnicas de pesquisa, indicando como a análise de dados coletados é conduzida.

Entrevista

As entrevistas podem ser estruturadas, semiestruturadas ou não estruturadas, dependendo do grau de formalização das perguntas. Nesse método, o pesquisador realiza perguntas diretas aos participantes para obter informações detalhadas sobre suas opiniões, suas experiências e seus comportamentos. A análise de dados das entrevistas envolve a transcrição das respostas e a identificação de padrões, temas ou tendências. Por exemplo, em um estudo de mercado sobre preferências de consumo de café, as entrevistas podem revelar preferências específicas de sabor, marca ou método de preparo.

Questionário

Os questionários são uma forma padronizada de coletar informações por meio de perguntas fechadas ou abertas. Eles podem ser distribuídos fisicamente ou administrados *on-line*. A análise dos questionários geralmente envolve a tabulação das respostas e a aplicação de técnicas estatísticas para identificar correlações ou diferenças significativas entre grupos. Por exemplo, em uma pesquisa de satisfação do cliente de uma empresa de telecomunicações, os questionários podem ser usados para avaliar a qualidade do atendimento ao cliente e identificar áreas de melhoria com base nas respostas dos clientes.

Observação

A observação envolve o registro sistemático e direto de comportamentos, eventos ou interações em um ambiente específico. Pode ser realizada de modo participante, em que o pesquisador está imerso na situação, ou não participante, em que o pesquisador observa a distância. Os dados coletados mediante observação são frequentemente analisados por meio de categorização e codificação dos eventos observados. Por exemplo, em um estudo de comportamento do consumidor em um supermercado, os pesquisadores podem observar os padrões de compra dos clientes e identificar quais áreas da loja são mais frequentadas.

Grupos focais

Os grupos focais reúnem um pequeno grupo de participantes para discutir um tópico específico moderado por um facilitador. Essa técnica permite explorar percepções, opiniões e atitudes em profundidade, além de facilitar a interação entre os participantes. A análise de dados dos grupos focais geralmente envolve a transcrição das discussões e a identificação de temas recorrentes ou *insights* compartilhados pelos participantes. Por exemplo, em um estudo sobre preferências de *design* de produtos eletrônicos, os grupos focais podem revelar *insights* sobre recursos desejados pelos consumidores e suas experiências anteriores com produtos similares.

Análise de conteúdo

A análise de conteúdo é uma técnica qualitativa que envolve a identificação e a interpretação de padrões em materiais textuais, como entrevistas, artigos de jornal ou postagens em redes sociais. Os dados são categorizados e codificados para identificar temas, significados subjacentes ou tendências emergentes. Por exemplo, em uma análise de conteúdo de *tweets* sobre um lançamento de produto, os pesquisadores podem identificar as principais opiniões dos usuários e como elas se relacionam com diferentes aspectos do produto.

Essas são apenas algumas das principais técnicas de pesquisa utilizadas atualmente, cada uma com suas vantagens e limitações. A análise de dados coletados geralmente envolve uma combinação de abordagens qualitativas e quantitativas, dependendo dos objetivos da pesquisa e dos tipos de dados disponíveis.

Além disso, podem ser desenvolvidas pesquisas qualitativas, que buscam a profundidade das informações, e não necessariamente a quantidade de entrevistados. O *focus group* é um exemplo de pesquisa qualitativa e ocorre quando os profissionais de marketing convidam pessoas pertencentes ao perfil do público-alvo da empresa para conversar, a fim de verificar suas reações em relação a determinado assunto ou produto.

A pesquisa de observação, quando os profissionais de marketing literalmente ficam observando nas ruas ou nos pontos de venda como os consumidores compram, é outro exemplo de pesquisa qualitativa, assim como a pesquisa etnográfica, que consiste em compreender os comportamentos culturais e os contextos sociais.

Ao se definir o modelo de pesquisa, inicia-se a terceira fase, a de coleta de dados. Nessa etapa, os pesquisadores entrevistam indivíduos ou convidam-nos a participar de um grupo focal, a fim de realizar um levantamento das informações que estão buscando compreender.

O próximo passo do processo de pesquisa de marketing, a etapa 4, consiste na análise e na interpretação dos dados coletados. Dessa forma, os dados se transformam em informação qualificada, ajudando na tomada de decisão de marketing.

A última etapa, de número 5, refere-se à estruturação dos relatórios finais, em que serão apresentados os gráficos, as descobertas detalhadas, as análises e as conclusões levantadas durante o processo de pesquisa.

4.4 Relacionamentos

A pesquisa de marketing possibilita um levantamento profundo de dados e informações, que, quando bem estruturados e analisados, permitirão que os profissionais de marketing desenvolvam programas de relacionamento.

É importante ressaltar que, para uma empresa se relacionar de maneira efetiva com seus consumidores, é preciso difundir a percepção de valor por meio de relacionamentos de longo prazo. A ideia é ter atitudes que gerem bons resultados tanto para a empresa quanto para os clientes. Desse modo, o foco no cliente deve permear todas as estratégias da empresa.

Para Alexandre Las Casas (2019, p. 344), *relacionamento* é o processo de "identificar e estabelecer, manter e aprimorar relacionamentos com os clientes de modo que sejam atendidos os objetivos de todas as partes envolvidas". Manter um bom relacionamento gera um cliente satisfeito, que pode indicar a marca a outros consumidores, assim como um relacionamento ativo com a clientela contribui para a construção de valor.

A Figura 4.3 apresenta a evolução dos níveis de relacionamento que uma pessoa pode ter com uma empresa.

Figura 4.3 – Níveis de relacionamento

```
Clientes prováveis
       ↓
Clientes potenciais
       ↓
Clientes expreimentadores
       ↓
Clientes que repetem as compras
       ↓
Clientes fiéis
       ↓
Clientes defensores
```

Fonte: Elaborado com base em Las Casas, 2019.

Na primeira etapa estão os clientes prováveis, que são aqueles que podem vir a ser tornar clientes. Na sequência estão os clientes potenciais, que ainda não decidiram comprar um produto, mas já têm algum grau de conhecimento sobre a marca ou a empresa. Em seguida, há os clientes experimentadores, que são aqueles que compraram um produto pela primeira vez, seja para conhecer, seja para testar ou experimentar.

Os clientes que repetem a compra são aqueles que primeiramente experimentam e, por gostarem do produto, voltam a comprar, iniciando um processo de relacionamento incipiente com a empresa. Os clientes fiéis, por sua vez, são aqueles que já confiam na empresa e seguem comprando os produtos conhecidos e novos, estabelecendo algum grau de lealdade com a marca. Por fim, há os clientes defensores, também chamados de *advogados*, que estão fortemente envolvidos com a empresa e, por esse motivo, defendem e recomendam a marca para outros consumidores, sem nenhum compromisso ou troca monetária por parte da organização.

A evolução dos níveis de relacionamento apresentada por Las Casas (2019) ilustra o caminho que uma pessoa pode percorrer ao interagir com uma empresa. Desde os clientes prováveis até se chegar aos clientes defensores, cada estágio representa um avanço no processo de conexão entre o consumidor e a marca.

Importante!

À medida que os clientes avançam nessa jornada, desenvolvem laços mais fortes e significativos com a empresa, culminando no envolvimento ativo e espontâneo dos clientes defensores, que se tornam promotores entusiastas da marca. Essa progressão ilustra a importância de se cultivar relacionamentos duradouros com os clientes, uma vez que, na medida em que a confiança e a lealdade são construídas, eles se tornam verdadeiros embaixadores da empresa, contribuindo significativamente para a reputação e o sucesso do negócio. Nesse contexto, entender e nutrir cada estágio desse processo é fundamental para aprimorar o engajamento dos clientes e fortalecer a imagem da marca no mercado.

O *customer relationship management* (CRM) – em tradução livre, "gestão do relacionamento com o cliente" – é uma poderosa ferramenta utilizada pelas empresas para gerenciar o relacionamento com seus clientes de maneira estratégica e personalizada. Por meio do CRM, as empresas podem coletar, armazenar e analisar dados sobre seus clientes, permitindo uma compreensão mais profunda de suas preferências, de suas necessidades e de seus comportamentos de compra.

Com base nas informações obtidas pelo CRM, as organizações podem desenvolver ações de relacionamento direcionadas e personalizadas para cada cliente. Isso inclui a segmentação de clientes de acordo com seus perfis e comportamentos de compra, possibilitando a criação de ofertas e promoções exclusivas que atendam às necessidades específicas de cada grupo.

Além disso, o CRM também facilita a comunicação e a interação com os consumidores em diferentes canais, como *e-mail*, redes sociais e *chat on-line*. Isso possibilita o envio de mensagens personalizadas, respostas rápidas a dúvidas e solicitações, bem como a oferta de suporte e assistência em tempo real.

Outra aplicação importante do CRM é o acompanhamento do histórico de interações dos clientes com a empresa. Isso permite que os vendedores e atendentes tenham acesso a informações detalhadas sobre cada cliente, tornando possível oferecer um atendimento mais personalizado e eficiente. Além disso, o histórico de interações pode ser utilizado para identificar padrões de comportamento e preferências dos consumidores, auxiliando na antecipação de suas necessidades e na oferta de produtos e serviços relevantes.

Em suma, a aplicação do CRM para gerar ações de relacionamento entre a empresa e seus clientes é uma estratégia fundamental para fortalecer os laços com o público, aumentar a satisfação e a fidelidade dos clientes, bem como impulsionar as vendas e o crescimento do negócio. Ao utilizar o CRM de maneira inteligente e estratégica, as empresas podem criar experiências personalizadas e significativas para seus clientes, construindo relacionamentos duradouros e bem-sucedidos no mercado.

4.5 Sistemas de informação de marketing

Os sistemas de informação de marketing (SIM) nada mais são do que ferramentas delineadas para subsidiar os profissionais de marketing com informações relevantes de modo constante para o desenvolvimento de estratégias mais assertivas (Kotler; Keller, 2012).

A informação é base da tomada de decisão em marketing e, por esse motivo, os SIM começaram a ser pensados e estruturados. O fato é que, no mercado, são geradas milhões de informações diariamente, o que se tornou um dos grandes problemas para o alinhamento das ações de marketing. O Quadro 4.1 evidencia as potenciais dificuldades ligadas ao tema da informação.

Quadro 4.1 – Dificuldades ligadas à informação

Problema	Descrição
Excesso de informação	Grande quantidade de informação de marketing errada e pouca certa.
Informações dispersas	Informações muito dispersas dificultam a identificação de fatos simples.
Informações negligenciadas	Informações importantes muitas vezes são negligenciadas ou suprimidas por questões pessoais.
Informações tardias	Em razão da perecibilidade da informação, quando esta chega, muitas vezes, já não é útil.
Informações imprecisas	É frequente a imprecisão nas informações e muitas vezes não há condições de confirmá-las.

Fonte: Honorato, 2003, p. 87.

Quando o SIM é estruturado de maneira apropriada, praticamente se transforma em um grande centro de informações da empresa, com o objetivo principal de monitorar ininterruptamente o mercado e municiar os profissionais de marketing com informações de modo eficiente, possibilitando um olhar apurado sobre o mercado para ajustes necessários nas estratégias mercadológicas.

Assim, os profissionais de marketing recebem um volume maior de informações no menor tempo possível, o que permite aprimorar o desempenho estratégico, assim como antecipar tendências de mercado com mais eficiência e integrar as informações em um único lugar ou sistema, de modo a gerar o melhor aproveitamento de informações relevantes no momento necessário.

"Um sistema de informações de marketing (SIM) é constituído de pessoas, equipamentos e procedimentos dedicados a coletar, classificar, analisar, avaliar e distribuir as informações necessárias de maneira precisa e oportuna para aqueles que tomam as decisões de marketing" (Kotler; Keller, 2012, p. 71). Em resumo, o SIM é o conjunto dos processos dedicados a agrupar, qualificar, analisar, avaliar e disseminar informações aos profissionais de marketing.

Para tanto, cada vez mais as empresas estão buscando trabalhar com a qualificação de dados, em especial o *big data*, que, de modo livre, significa um conjunto de ferramentas e *softwares* que utilizam programação, algoritmos, mecanismos de buscas e ferramentas de bancos de dados que permitem lidar com o volume significativo de dados que nem sempre estão estruturados ou apresentam correlação entre si.

● Preste atenção!

O *big data* possibilita analisar uma grande quantidade de informações com maior velocidade e eficiência, gerando análises mais simplificadas e assertivas. Assim, é possível armazenar e processar grandes quantidades de informação, criando possibilidades infinitas para gerar novos conhecimentos para planejar o futuro.

• •

Vale ressaltar que o SIM utiliza tanto dados internos quanto externos à empresa, ao passo que as pesquisas sempre estão focadas nos dados externos à organização. Dessa maneira, a pesquisa subsidia o SIM com as informações de mercado levantadas e que serão combinadas com as informações e os dados internos da empresa, como faturamento, volume de vendas, volume de produção e investimentos, para uma melhor qualificação das informações para as estratégias de marketing.

● Síntese

Neste capítulo, abordamos alguns elementos essenciais para que as estratégias de marketing sejam assertivas, como as estratégias relacionadas às marcas, que se transformam em importante ferramenta estratégica e contribuem para a sustentabilidade da empresa a longo prazo.

As marcas podem valer mais do que o total dos próprios ativos de uma empresa. Nesse sentido, demonstramos que é essencial estar atento a como estruturar e agregar valor para as marcas, algo que pode ser feito mediante a realização de uma pesquisa para o levantamento qualificado de informações que irão subsidiar a tomada de decisão estratégica.

Outro tema relevante que apresentamos foi a pesquisa em marketing, que trata da coleta, do registro e da análise de dados relacionados às oportunidades de mercado. Trata-se do processo de ouvir a voz do mercado para compreender o comportamento de compra dos consumidores, a percepção dos clientes e a qualidade dos produtos, a fim de subsidiar a tomada de decisão estratégica.

Por fim, tratamos dos sistemas de informação de marketing (SIM), os quais permitem a interação de pessoas, *softwares* e procedimentos para unificar, classificar, analisar e difundir informações assertivas e qualificadas para que os profissionais de marketing possam aprimorar o planejamento, a execução e o controle de suas atividades. O SIM recolhe informações de diferentes fontes, tanto internas quanto externas. As internas são levantadas na própria empresa, como volume de vendas, dados financeiros e volume de produção. Já os dados externos são as informações levantadas no mercado por meio de pesquisas.

Estudo de caso

A Unilever, um conglomerado mundial de diversas marcas de produtos de higiene pessoal e de limpeza, instituiu um posicionamento global chamado de *vitalidade* no ano de 2004. Para tanto, apresentou ao mercado um novo logo, composto por uma infinidade de ícones que representam as diferentes categorias do portfólio da marca, como a flor que resume a beleza, uma colher representando a alimentação e o sol para indicar limpeza, entre outros ícones, como indica a Figura 4.4.

Figura 4.4 – Logo Unilever

Fonte: Unilever, 2023

Com a mudança de posicionamento e aproveitando, na comemoração dos 75 anos da marca no Brasil, o departamento de marketing decidiu estruturar uma pesquisa para entender qual imagem os consumidores tinham da Unilever.

Para surpresa dos profissionais de marketing envolvidos nessa tarefa, as pessoas não sabiam efetivamente o que era a Unilever. Para os consumidores, a maionese Hellman's pertencia à empresa Hellman's, ao passo que os produtos Knorr eram da marca Knorr. Na linha de produtos de limpeza, como a Omo, ainda havia algum tipo de associação com a Unilever, mas nas demais linhas, especialmente na de alimentação, a maioria não fazia nenhuma conexão das marcas dos produtos, como Kibon, Knorr e Hellman's, com a marca-mãe Unilever.

Para o vice-presidente de assuntos corporativos da marca na época, Luiz Carlos Dutra, o fato de as pessoas não fazerem a ligação das marcas dos produtos com a marca corporativa era positivo, pois estrategicamente as marcas conhecidas como Rexona, Omo, Hellman's, Knorr, Kibon etc. iriam referendar e endossar a marca Unilever.

As campanhas foram direcionadas para o público formador de opinião, relacionando a marca corporativa às marcas dos produtos, assim como ao posicionamento de vitalidade. Dessa maneira, a força das marcas dos produtos endossou a marca corporativa e, com o passar do tempo, a marca corporativa começou a endossar as marcas dos produtos, até o momento em que o logo da Unilever foi aplicado em todos os produtos e nas ações comunicacionais da marca.

As campanhas publicitárias veiculadas na época em canais de televisão aberta com a marca Unilever no coração do filme publicitário – uma campanha que apresentava cada um dos ícones que compõem o logo – de maneira bastante didática e de fácil compreensão.

Alguns anos depois da presença constante da marca corporativa nos produtos e nas campanhas publicitárias da Unilever, o departamento de marketing aplicou uma nova pesquisa, dessa vez com consumidores, formadores de opinião, fornecedores e varejistas. O resultado foi surpreendente: o conhecimento e a qualificação da marca Unilever superou qualquer expectativa do departamento de marketing da empresa – segundo dados da organização, a evolução do conhecimento da marca entre 2004 e 2009 foi de 7% para 73%.

Fonte: Elaborado com base em Unilever, 2024.

Questões para revisão

1. Analise as frases a seguir a respeito da imagem de marca.
    I. A empresa detentora da marca é quem define o que sua imagem de marca e as associações de marca significarão ao consumidor.
    II. Imagem de marca são as percepções de marca refletidas pelas associações guardadas na memória do consumidor.
    III. Imagem de marca deve envolver o uso da propaganda convencional.
    IV. Associação de marca envolve as informações ligada à marca.
    Agora, assinale a alternativa correta:
    a. Estão corretas apenas as afirmações I e IV.
    b. Estão corretas apenas as afirmações II e IV.
    c. Estão corretas apenas as afirmações I e II.
    d. Estão corretas apenas as afirmações III e IV.
    e. Estão corretas apenas as afirmações I e III.
2. Algumas empresas pretendem aplicar uma pesquisa de marketing. Em qual das situações a seguir apenas uma pesquisa qualitativa seria ideal para atender ao objetivo desejado?
    a. Uma clínica dermatológica deseja saber o índice de satisfação dos clientes acerca de seus serviços.

- b. Uma agência de publicidade quer medir o índice de lembrança do público relacionada a uma campanha publicitária que elaborou para uma marca de refrigerantes.
- c. Um restaurante tem interesse em saber em que ocasiões os consumidores bebem vinho, uísque e cerveja.
- d. Uma universidade quer avaliar com alunos do Ensino Médio o percentual de intenção de matrícula em seus cursos.
- e. Uma emissora de rádio quer conhecer o perfil demográfico dos ouvintes de determinado programa.

3. O processo de pesquisa de mercado se divide em cinco etapas. Com base nessa informação, assinale a alternativa que apresenta corretamente essa etapas, bem como sua sequência:
   - a. Definir o problema; formular o projeto de pesquisa; desenvolver uma abordagem para o problema; coletar dados; preparar instrumento de pesquisa.
   - b. Definir objetivos; formular o projeto de pesquisa; coletar dados; analisar os dados; apresentar o relatório.
   - c. Definir o problema; formular o projeto de pesquisa; coletar dados; preparar o instrumento de pesquisa; apresentar o relatório.
   - d. Definir objetivos; desenvolver uma abordagem para o problema; coletar dados; preparar e analisar dados; apresentar relatório.
   - e. Definir objetivos; formular o projeto de pesquisa; preparar o instrumento de pesquisa; propor testes; apresentar o relatório.

4. Indique como uma estratégia eficaz de *branding* pode contribuir para aumentar a credibilidade, a força da marca e a conversão de vendas. Utilize em sua resposta exemplos mencionados no texto e explique como a diferenciação influencia a retenção e a fidelidade dos clientes.

5. Explique como o sistema de *customer relationship management* (CRM) pode ser utilizado pelas empresas para melhorar o

relacionamento com os clientes e quais benefícios específicos essa ferramenta proporciona para o atendimento e a satisfação do cliente.

Questões para reflexão

1. Atualmente, marcas carregam produtos. Para os profissionais de marketing, a marca é considerada o grande valor do mercado do futuro. Pense nas marcas que você mais consome no seu cotidiano – marcas de refrigerante, pasta de dentes, leite etc. – e faça uma análise sobre a força das marcas.

2. Alguns profissionais de marketing acreditam que a pesquisa não deve ser considerada um método metodologicamente válido, em especial porque nem sempre as respostas dos consumidores aos questionários de pesquisa representam uma opinião verdadeira, seja pela má vontade do entrevistado, seja por algum tipo de fraude. Além disso, e não menos importante, a pesquisa de marketing lida com o ser humano, o que faz com que dificilmente os resultados obtidos em uma pesquisa possam ser confirmados novamente em uma nova oportunidade. Além desses fatores, a amostragem nem sempre atende à realidade do universo de consumidores, mesmo com todo o cuidado que se tenha nesse sentido. Com base nessas informações, faça uma análise sobre possíveis soluções para que a pesquisa de marketing possa ser assertiva e garantir resultados que espelhem a realidade da sociedade de consumo.

5 Conexão com os clientes

● Conteúdos do capítulo:
- Sistema de inteligência de marketing.
- Sistema de informação de vendas.
- Tendências.
- Valor percebido pelo cliente × satisfação total do cliente.

● Após o estudo deste capítulo, você será capaz de:
1. identificar o sistema de inteligência de marketing;
2. definir os conceitos de relacionamento do sistema de informações de vendas;
3. discutir as tendências relacionadas ao futuro do marketing;
4. elucidar como o valor percebido pelo cliente interfere na satisfação total do cliente.

Em um ambiente cada vez mais competitivo, as empresas precisam entender o valor percebido pelo cliente e sua satisfação total para se destacarem no mercado. Isso envolve a coleta, a análise e a interpretação de dados de marketing e vendas, que são gerenciados por meio de sistemas de inteligência de marketing e de informação de vendas.

Neste capítulo, abordaremos como o sistema de inteligência de marketing é responsável por coletar, analisar e disseminar informações para auxiliar na tomada de decisões de marketing. Isso compreende a coleta de dados dos ambientes externo e interno da empresa, a análise desses dados e a disseminação de informações importantes para os tomadores de decisão. Atente-se ao fato de que o objetivo é fornecer informações precisas e relevantes para a tomada de decisões estratégicas, táticas e operacionais.

Na sequência, apresentaremos o sistema de informação de vendas, o qual é responsável por coletar e analisar informações sobre as atividades de vendas da organização. Isso contempla o registro de informações sobre os clientes, o controle de estoques, o gerenciamento de pedidos e o monitoramento de vendas. O objetivo é fornecer informações precisas e atualizadas para o processo de vendas, auxiliando a equipe de vendas a tomar decisões rápidas e precisas.

Com base nas informações gerenciadas pelos sistemas de inteligência de marketing e de informação de vendas, as organizações podem identificar tendências e oportunidades de mercado. Isso permite que elas se adaptem rapidamente às mudanças do mercado e desenvolvam estratégias eficazes para atender às necessidades dos clientes.

Também analisaremos que, para se destacar no mercado, as empresas precisam entender o valor percebido pelo consumidor e sua satisfação total. O valor percebido pelo cliente é a diferença entre o benefício percebido e o custo percebido por ele. Já a satisfação total do cliente é a medida em que as expectativas do consumidor são atendidas ou superadas.

Por fim, demonstraremos por que compreender o valor percebido pelo cliente e a satisfação total do cliente é fundamental para as organizações oferecerem produtos e serviços de alta qualidade, aumentarem a lealdade do consumidor e construírem relacionamentos duradouros com seus clientes.

5.1
Sistemas de inteligência de marketing

O sistema de inteligência de marketing, também conhecido como *business intelligence* (BI), é o processo de captação e análise de dados que visa subsidiar a tomada de decisão. Trata-se de um sistema que vai além do modelo de pesquisa e do sistema de informação, pois tem a tarefa principal de transformar os dados em informações que possam ser aplicadas nas estratégias mercadológicas para agregar valor e vantagem competitiva.

De maneira resumida, o BI engloba as tendências de mercado, o comportamento dos consumidores e o relacionamento com os clientes, bem como as ações tomadas pelos concorrentes. Como mencionamos anteriormente, as decisões assertivas em marketing não podem ser embasadas em achismos e opiniões: devem estar fundamentadas em dados e informações qualificadas.

Para a formulação qualificada de um BI, utilizam-se tanto dados primários – relatórios das áreas de marketing, atendimento ao cliente, vendas e outras áreas da empresa e dados levantados em pesquisas de mercado, que são categorizados, analisados e estruturados – quanto dados secundários, que estão disponíveis para serem reanalisados de acordo com a necessidade da organização. Esse levantamento pode ser feito em grandes bancos de dados, publicações e conteúdos disponíveis *on-line*.

Para Kotler e Keller (2012), o sistema de inteligência de marketing pode ser estruturado com base em diversas fontes, como as elencadas a seguir.

- **Revendedores, distribuidores e intermediários**: os dados desses parceiros são bastante importantes, pois municiam a empresa de informações sobre resultados de vendas e dados sobre os principais clientes e seus comportamentos de compra.
- **Equipe comercial**: os vendedores costumam conseguir informações que dificilmente seriam obtidas por outros meios, em especial dos concorrentes e do mercado como um todo. As empresas podem treinar a força de vendas para que ela desempenhe um papel ativo na coleta de informações.
- **Concorrência**: é possível comprar e testar produtos dos concorrentes para avaliá-los e compará-los com os da empresa, por exemplo, bem como analisar suas ações promocionais e de comunicação e informações disponíveis sobre eles.
- **Conversar com os clientes**: a organização pode convidar os clientes para um *focus group*, ou para tomar um café, para ouvir o que têm a dizer sobre a empresa e seus produtos (sugestões, críticas ou elogios). Esses *feedbacks* são fundamentais para compreender o comportamento de consumo e o posicionamento da marca.
- **Dados institucionais**: dados disponibilizados pelo governo, como o censo do Instituto Brasileiro de Geografia e Estatística (IBGE) e os estudos da *Pesquisa Nacional por Amostra de Domicílios (Pnad)*, bem como dados de associações, sindicatos patronais ligados ao segmento da empresa e, até mesmo, de organizações internacionais apresentam uma diversidade de informações que pode ajudar a compreender o andamento do mercado, as tendências e os interesses que podem contribuir para novas visões estratégicas.
- **Informações *on-line***: atualmente, as redes sociais se constituem em um dos principais canais de comunicação dos consumidores com as marcas. Independentemente da rede social – Facebook, Instagram, Pinterest, TikTok ou WhatsApp –, as pessoas compartilham informações e contam positiva e/ou negativamente

suas experiências com marcas, produtos e serviços; portanto, é um espaço rico para o levantamento de informações. Além disso, podem ser observados os contatos realizados via serviço de atendimento ao consumidor (SAC), como reclamações, elogios e dúvidas mais comuns, bem como postagens feitas em *sites* como o Reclame Aqui, espaço *on-line* destinado a reclamações contra empresas sobre atendimento, compra, venda, produtos e serviços. Também é possível analisar algumas métricas do mundo digital, como as interações nas postagens feitas pela marca – número de *likes*, compartilhamentos e comentários, assim como tempo que as pessoas dedicam na navegação do *site* ou o que buscam de informação via Google, por exemplo.

Por fim, vale destacar que os dados não se convertem magicamente em informação qualificada e, consequentemente, em inteligência: é preciso que sejam processados e interpretados de maneira assertiva, profunda e bastante profissional para que isso ocorra.

5.2
Sistemas de informação de vendas

Como visto anteriormente, tanto o sistema de informação de marketing (SIM) quanto o BI são fundamentais para subsidiar a empresa de informações qualificadas e fidedignas para a tomada de decisão mais assertiva. Da mesma forma, os sistemas de informação de vendas são ferramentas que organizam os dados da área comercial e que, posteriormente, também farão parte do BI.

De acordo com Kotler e Keller (2012, p. 72), os "sistemas de vendas são ferramentas que ajudam os vendedores em sua organização, oferecendo maneiras mais eficientes de gerenciar contatos, controlar negociações e vendas, aumentar o contato de qualidade com o cliente e, com isso, aumentar o número de vendas realizadas".

Figura 5.1 – Intersecção entre marketing e vendas

Fluxo de informações

Marketing — **Vendas**

Atividades de marketing
- Pesquisa de marketing
- Análise competitiva
- Desenvolvimento da estratégia
- Segmentação de mercado
- Desenvolvimento de produtos
- Posicionamento do produto
- Branding
- Comunicação com o cliente
- Embalagem

Atividades em comum
- Seleção do cliente atual/potencial
- Priorização de produtos/serviços
- Desenvolvimento da proposição de valor/mensagem ao cliente
- Precificação
- Projeto de vendas
- Promoções

Atividades de vendas
- Gestão de contas
- Venda pessoal
- Inteligência competitiva
- Gestão de distribuidores
- Instalação
- Serviço pós-venda
- Material de ponto de venda
- Programas de eficácia das vendas

Fluxo de informações

Fonte: Tybout; Calder, 2013, p. 417.

- Um dos principais modelos de sistema de informação de vendas é o *costumer relationship management* (CRM), que vai além do armazenamento de informações de vendas, pois também unifica dados de vendas, atendimento e pontos de contato da marca com os consumidores, fazendo o cruzamento com as estratégias de marketing.
- Atualmente, o conceito de relacionamento se refere a estar centrado no cliente, na experiência de consumo com foco nas pessoas, nas vendas e na tecnologia, pensando em todas as possibilidades de abordagem, seja para apenas comunicar algo, seja para vender um produto ou serviço.

- Os sistemas de informação de vendas auxiliam a equipe comercial e os profissionais de marketing no armazenamento e no gerenciamento dos contatos dos clientes, sejam eles apenas *leads* – contatos iniciais de interessados –, sejam clientes recorrentes.
- A Figura 5.2 apresenta o conceito de *funil de vendas*, que indica a jornada dos clientes, ou seja, as etapas que um cliente potencial (*lead*) passa desde o primeiro contato com a empresa (topo do funil) até o fechamento da venda (base do funil).
- O topo do funil é a primeira etapa, que é marcada pelos visitantes. Trata-se do momento em que as pessoas percebem que têm alguma necessidade. Nessa fase, o indivíduo é apenas um potencial consumidor, e a empresa precisa alimentar o interesse dele pelas informações e pelos produtos que comercializa. Assim, ele se transforma em um *lead*, avançando para a etapa seguinte, que seria o meio do funil. Os *leads* estão tentando resolver suas necessidades; por isso, o importante é qualificar o produto para que esse interessado amadureça a ideia e consiga avaliar de maneira criteriosa que o produto da empresa é a melhor opção de compra.
- Na etapa seguinte, de oportunidades, os *leads* estão habilitados a receber o incentivo final das vendas. Dessa forma, as etapas anteriores servem para qualificar esse interessado e indicar que há efetivamente o interesse em comprar; assim, ele pode ser abordado de modo assertivo pela equipe de vendas. Por fim, na base do funil estão as vendas, quando os interessados efetivam a compra e tornam-se clientes da empresa.

Figura 5.2 – Funil de vendas

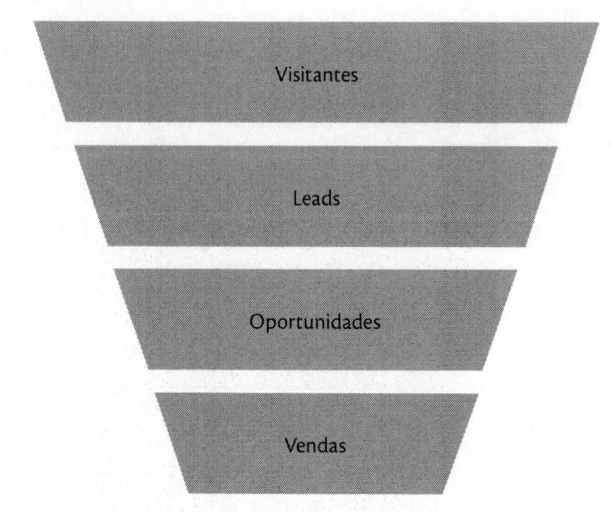

- Visitantes
- Leads
- Oportunidades
- Vendas

Fonte: Resultados Digitais, 2024.

É importante destacar que o funil de vendas não se aplica somente ao marketing digital, sendo uma ferramenta amplamente utilizada em estratégias de marketing e vendas, tanto em ambientes digitais quanto em outros canais de negócios. Pode ser utilizado em qualquer tipo de negócio, físico ou digital, e em diferentes contextos de vendas, como *business-to-business* (B2B) e *business-to-consumer* (B2C). Além disso, possibilita acompanhar o processo de vendas em diversos canais, como lojas físicas, telemarketing e *e-commerce*.

Em síntese, o funil de vendas é uma ferramenta valiosa para compreender o comportamento do cliente em todas as etapas do processo de compra, independentemente do ambiente digital ou físico em que a venda ocorra. Ele ajuda as empresas a identificar oportunidades de melhorias, otimizar o processo de vendas e oferecer a abordagem mais adequada para cada cliente em potencial, resultando no aumento da eficiência das vendas e no aprimoramento dos resultados para o negócio.

A compreensão do funil de vendas é essencial para justificar a estruturação de um sistema de informação de vendas, uma vez que permite identificar os estágios em que os potenciais consumidores se encontram, viabilizando o delineamento mais preciso das estratégias. Ao compreender as etapas pelas quais os clientes passam durante o processo de compra, torna-se possível adotar abordagens mais assertivas, direcionando os esforços de marketing e vendas de modo estratégico e eficiente.

Além disso, centralizar as informações de contato dos *leads* – o que foi conversado e combinado e o detalhamento dos interesses do comprador – permite que todo o time de vendas tenha acesso a esses dados e mantenha o atendimento com qualidade sempre que necessário. Assim, as decisões da equipe de vendas podem ser mais assertivas, e os profissionais de marketing terão acesso a informações que contribuirão para a tomada de decisões mais acertadas.

Para Grewal e Levy (2017), os sistemas de informação de vendas têm como objetivo:

- Organizar as informações: a desorganização é um dos principais fatores que dificultam as vendas. Um sistema de vendas permite organizar as informações de modo eficiente, além de possibilitar que a equipe de vendas e os profissionais de marketing tenham acesso aos dados e às informações dos clientes.
- Acompanhamento: o *follow-up* possibilita que a equipe acompanhe todo o processo da venda, em todas as etapas do funil de vendas, do primeiro contato do interessado até a fase de vendas, o que permite construir uma relação duradoura com o cliente.
- Monitoramento e análise: as plataformas dos sistemas de vendas possibilitam realizar análises constantes do funil de vendas, facilitando o monitoramento de qual etapa da venda está o *lead*, de quais são suas necessidades e quais estratégias serão eficazes para que ele efetive a compra.

Os sistemas de informação de vendas, conforme descritos por Grewal e Levy (2017), exercem papel essencial na transformação da gestão de vendas ao organizar informações, acompanhar o processo de vendas e monitorar as interações com os clientes. Ao proporcionar uma estrutura organizada para armazenar e acessar dados de clientes, esses sistemas permitem que equipes de vendas e marketing trabalhem de maneira mais sinérgica e eficaz. O acompanhamento detalhado de cada etapa do funil de vendas não somente ajuda a entender melhor o comportamento do consumidor, mas também aprimora a capacidade de construir relacionamentos duradouros e personalizados com os clientes.

Além disso, a capacidade de monitoramento e análise oferecida por esses sistemas facilita a identificação de necessidades específicas dos *leads* e a implementação de estratégias direcionadas que aumentam as chances de conversão. Em suma, os sistemas de informação de vendas são instrumentos indispensáveis para qualquer equipe de vendas moderna, oferecendo as ferramentas necessárias para otimizar as vendas e maximizar o sucesso em um mercado competitivo.

5.3 Tendências

Tendências são sinais de que algo está mudando no mercado. Pode ser um novo produto ou serviço, uma nova tecnologia ou lei, um novo modelo de negócios e especialmente, um novo comportamento.

Logo, as tendências são uma agitação que ocorre no mercado. São percebidas por meio de sinais que mudam os padrões sociais, culturais ou econômicos e, consequentemente, causarão alterações nos comportamentos dos consumidores no futuro.

De acordo com a Worth Global Style Network (WGSN, 2024), empresa sediada em Londres, as tendências podem ser classificadas em:

- Macrotendências: são conhecidas como *tendências de base*, pois ocorrem em âmbito global e em larga escala, influenciando profundamente o futuro e alterando de maneira substancial a cultura da sociedade. Essas tendências costumam atingir diferentes setores do mercado e transformam inteiramente a forma como a sociedade lida com o futuro.
- Microtendências: costumam ser mudanças que se originam com base em novas ideias, novos negócios ou novos produtos ou serviços. Essas tendências influenciam a sociedade e são desdobramentos das macrotendências no cotidiano das pessoas.
- Modismos: são as tendências passageiras, que rapidamente alcançam popularidade e, da mesma maneira, se esvanecem. São facilmente disseminadas pelas redes sociais e mídias de massa, por isso são aceitas e copiadas de modo célere pela sociedade.

Os profissionais analisam as tendências para que as estratégias de marketing sejam mais assertivas. Nesse sentido, de acordo com a WGSN (2024), é preciso:

- observar os interesses dos clientes – quanto antes a empresa descobrir as tendências que movem o mercado, mais rápido os profissionais de marketing conseguirão adaptar os produtos e serviços para atender aos anseios dos consumidores;
- analisar as possibilidades de mudança – quanto mais rápido a empresa conseguir se adaptar às mudanças, maior será a vantagem competitiva. Dessa forma, prever as tendências de mercado faz toda a diferença no desenvolvimento de produtos e serviços;
- gerar novas ideias de produtos ou serviços – as tendências de mercado provocam novas ideias para o desenvolvimento de novos produtos ou serviços e, até mesmo, de novos negócios;
- combater a concorrência – quando a empresa identifica as tendências antes da concorrência, consegue ser percebida como transformadora, atual e pioneira.

Melo (2024) apresenta algumas tendências de mercado às quais é importante estar atento. Confira-as a seguir.

Inteligência artificial

Cada vez mais a inteligência artificial (IA) tem sido utilizada pelas empresas para o desenvolvimento de produtos e a melhoria do reconhecimento da fala e de linguagens para criação de *chatbots*, textos e imagens que podem ser utilizados em ações de comunicação das marcas. Tecnologias avançadas de IA possibilitam interações mais humanizadas e personalizadas com os consumidores. No entanto, o rápido avanço da IA levanta questões éticas e preocupações sobre seu uso responsável e suscita debates sobre privacidade de dados e o possível impacto da automação no mercado de trabalho.

Dados geográficos

O aprendizado de máquina (ou *machine learning*) tem sido cada vez mais difundido nas empresas, facilitando a utilização de ferramentas que conseguem cruzar dados de maneira profunda, viabilizando que dados sobre determinadas áreas geográficas sejam cruzados com o perfil dos consumidores, o que ajuda a entender o potencial de um ponto comercial, por exemplo.

Omnichannel e figital

Quando o digital e o físico se mesclam, obtemos a estratégia *figital*. A presença de canais digitais é praticamente obrigatória na jornada do consumidor, assim como as estratégias *omnichannel*, que integram todos os canais de contato da empresa, tanto físicos quanto digitais, para aprimorar a experiência dos consumidores.

Quick commerce

Lojas em que o consumidor não encontra nenhum funcionário e executa suas compras completamente sozinho, do início até o pagamento, aplicativos de lojas e autoatendimento também têm se tornado uma grande tendência. São exemplos de *quick commerce* lojas temporárias, chamadas de *pop-up stores*; ampliação dos canais de *delivery*, para que os produtos comprados *on-line* cheguem cada vez mais rápido à casa dos consumidores; e lojas autônomas ou locais de *grab and go*.

A Figura 5.3 apresenta o exemplo do Muffato Go, de Curitiba, que é um supermercado inteiramente operado por IA e visão computacional, que possibilita aos consumidores usarem os próprios celulares para fazer suas compras, sem precisar enfrentar filas ou passar pelo caixa.

Figura 5.3 – Muffato Go

Fonte: Grupo Muffato, 2023

Digital influencers

A tendência dos *digital influencers*, ou influenciadores digitais, tem se destacado cada vez mais nas ações de marketing, principalmente em virtude do crescimento das redes sociais e do aumento da influência desses criadores de conteúdo digital. São indivíduos que conquistaram uma audiência significativa em plataformas como Instagram, YouTube e TikTok, capazes de impactar as decisões de compra de seus seguidores por meio de recomendações e de conteúdo autêntico. As empresas têm buscado parcerias estratégicas com *influencers* que tenham afinidade com seus valores e público-alvo, visando ampliar o alcance de suas campanhas e promover seus produtos de maneira mais orgânica. Essa tendência reflete a mudança no comportamento do consumidor, que busca referências e opiniões de fontes autênticas e confiáveis antes de tomar decisões de compra. Por isso, os *digital influencers* se tornaram peças-chave nas estratégias de marketing modernas.

Um dos grandes desafios para os profissionais de marketing é compreender o que se passa na cabeça dos consumidores e por que alguns produtos obtêm sucesso, enquanto outros, mesmo com o auxílio das mais modernas estratégias de marketing, acabam fracassando.

Como mencionamos, uma das tendências que tem crescido é a compreensão do comportamento do consumidor, em especial o que não costuma ser verbalizado ou sequer é de conhecimento dos próprios consumidores: as respostas emocionais às estratégias de marketing. Diante desse contexto, desenvolveu-se o neuromarketing, que busca investigar e compreender o que se passa na mente do consumidor a partir dos estímulos recebidos pelas estratégias de marketing, como ações publicitárias e/ou promocionais.

> **Importante!**
>
> *Neuromarketing* é uma área que combina conceitos do marketing e da neurociência para entender como o cérebro dos consumidores responde a estímulos de marketing e como isso influencia suas decisões de compra. O objetivo é desvendar os processos cerebrais que estão por trás do comportamento do consumidor, buscando informações mais profundas sobre suas preferências e motivações.

O neuromarketing utiliza técnicas como ressonância magnética e eletroencefalografia para medir a atividade cerebral dos consumidores enquanto são expostos a estímulos de marketing, como anúncios, embalagens de produtos, logotipos e até mesmo a experiência em lojas físicas. Com base na análise dessas respostas neurais, as empresas podem identificar padrões e entender como os estímulos afetam a percepção do consumidor em relação a suas marcas e seus produtos. Com esse conhecimento, é possível desenvolver estratégias de marketing mais eficazes, adaptando suas mensagens e abordagens para se alinhar com as preferências e emoções dos clientes.

Essa estratégia tem sido amplamente utilizada em diversos setores, desde a indústria alimentícia até a tecnológica, para otimizar campanhas de marketing, melhorar a experiência do cliente e impulsionar as vendas. Contudo, também levanta questões éticas sobre privacidade e manipulação do comportamento do consumidor, exigindo uma abordagem responsável e transparente por parte das empresas e dos profissionais de marketing.

5.4 Valor percebido pelo cliente × satisfação total do cliente

Quando se trata de estratégias de marketing para a criação de valor, é importante destacar que o único valor que uma empresa tem é o que vem dos clientes, ou seja, a única justificativa para estruturar um negócio, construir fábricas, produzir uma infinidade de produtos, contratar funcionários e fazer a gestão disso tudo são os consumidores, pois sem eles não há negócio que prospere (Kotler; Keller, 2012).

A Figura 5.4 apresenta o que Kotler e Keller (2012) definem como organograma das empresas orientadas para os clientes.

Figura 5.4 – Organograma das empresas orientadas para os clientes

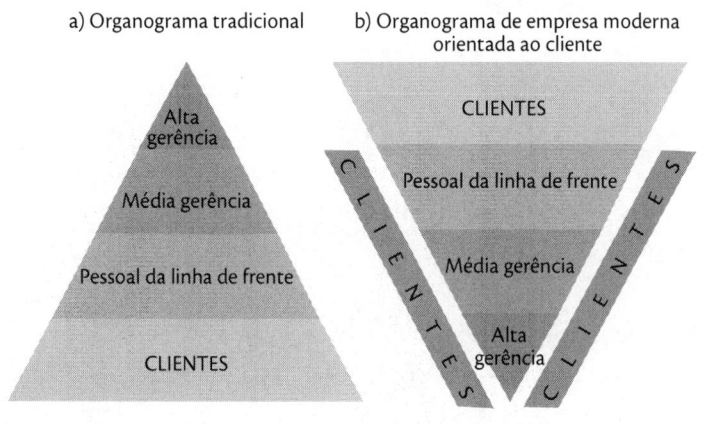

a) Organograma tradicional

- Alta gerência
- Média gerência
- Pessoal da linha de frente
- CLIENTES

b) Organograma de empresa moderna orientada ao cliente

- CLIENTES
- Pessoal da linha de frente
- Média gerência
- Alta gerência

(CLIENTES nas laterais)

Fonte: Kotler; Keller, 2012, p. 130.

O organograma tradicional (a) – a pirâmide com a alta administração no topo e os clientes na base – pode ser considerado ultrapassado. Os profissionais de marketing que acreditam que o cliente é o único "centro de lucros" atuam em empresas que inverteram o organograma (b), cujo topo da pirâmide é composto pelos clientes, que representam o maior grau de importância para a empresa; passa pelo pessoal da linha de frente, que é quem tem contato com os clientes; e tem como base a alta gerência, responsável por fornecer suporte aos demais.

Vale destacar que o valor percebido pelo cliente é a diferença entre o que ele enxerga como benefícios do produto e todos os custos envolvidos para obter o referido produto. Isso envolve benefícios econômicos – durabilidade, por exemplo; benefícios funcionais – praticidade e matéria-prima, por exemplo; e benefícios psicológicos, como *status* e reconhecimento social. Já os custos se referem ao custo monetário – o montante de dinheiro dispendido na compra do produto ou serviço; ao custo de tempo; e ao custo psicológico – energia física, paciência e estresse envolvidos na compra de determinado produto ou serviço.

A Figura 5.5 apresenta esses benefícios e os custos envolvidos na percepção que leva ao valor percebido pelos clientes na visão de Kotler e Keller (2012).

Figura 5.5 – Valor percebido pelo cliente

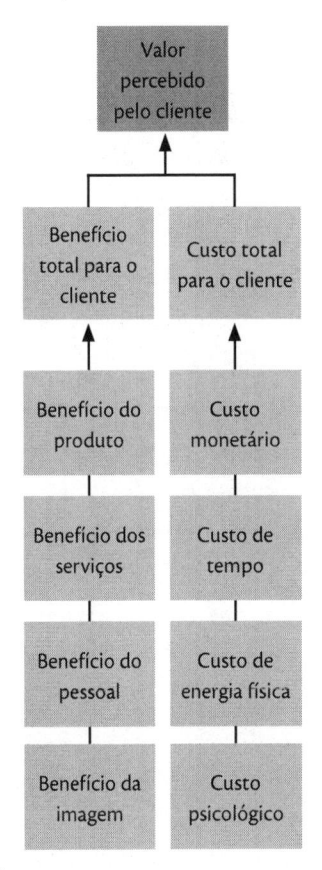

```
                  Valor
               percebido
              pelo cliente
                   ▲
         ┌─────────┴─────────┐
    Benefício             Custo total
    total para o          para o cliente
    cliente
       ▲                       ▲
   Benefício do             Custo
   produto                  monetário

   Benefício dos            Custo de
   serviços                 tempo

   Benefício do             Custo de
   pessoal                  energia física

   Benefício da             Custo
   imagem                   psicológico
```

Fonte: Kotler; Keller, 2012, p. 131.

É com relação a essa diferença entre os custos e os benefícios que o consumidor avaliará seu grau de satisfação com a compra de determinado produto ou serviço. Dessa forma, satisfação é o sentimento de alegria ou de desapontamento diante da comparação entre as expectativas do consumidor antes da compra e o desempenho do produto após seu consumo.

Se um comprador está interessado em um modelo de carro da marca Porsche, automaticamente ele já vem com uma carga considerável de expectativas: *status* e reconhecimento dos conhecidos, que irão acreditar que ele tem dinheiro sobrando; luxo e exclusividade, já que a marca trabalha com atributos qualitativamente altos e poucas pessoas têm acesso; e *performance* e velocidade, visto que a marca comercializa o Porsche como um carro esportivo e com alto desempenho. Caso poucos e/ou nenhuma dessas expectativas se realize de fato – se os amigos tiverem carros mais caros do que o Porsche e não valorizem a compra; se o carro tiver alguma avaria e/ou quebrar alguma peça em pouco tempo; ou, ainda, se o desempenho no velocímetro não ultrapassar o que o consumidor espera, o grau de satisfação será bastante negativo, e o desapontamento, maior ainda.

Logo, os profissionais de marketing avaliam sistematicamente a satisfação de seus clientes, seja por meio de pesquisas, seja pelo monitoramento dos índices de vendas, seja pelos comentários nas redes sociais, para alterar suas estratégias sempre que necessário. Isso porque, de maneira geral, um consumidor satisfeito tem grandes chances de se transformar em um cliente fiel, o que pode facilitar a continuidade da compra de novos produtos da marca. Além de recomendar a empresa e seus produtos para amigos, esse consumidor também será menos sensível ao preço e dará pouca atenção ao que a concorrência oferece no mercado (Oliveira, 2019).

De acordo com Honorato (2003), alguns elementos são importantes para qualificar a satisfação dos clientes, entre os quais estão a quantidade comprada, o grau de lealdade à marca, as taxas de recompra dos produtos ou serviços, a qualidade percebida, a imagem e o posicionamento da marca e o número de reclamações.

Figura 5.6 – Estratégias para agregar valor para o cliente

```
                    Excelência com
                       clientes

Excelência           Valor do           Excelência de
operacional          cliente            localização

                    Excelência de
                      produto
```

Fonte: Grewal; Levy, 2017, p. 26.

A Figura 5.6 apresenta as estratégias para agregar valor para o cliente e os quatro níveis de excelência que devem ser buscados pelas organizações (Grewal; Lewy, 2017).

- Excelência do produto: nessa estratégia, as empresas buscam agregar valor ao cliente por meio da oferta de produtos de alta qualidade, inovadores e que atendam a suas necessidades e seus desejos. Investem em pesquisa e desenvolvimento para garantir a melhoria contínua dos produtos, além de oferecer diferenciais que os tornem únicos no mercado.
- Excelência da localização: envolve a escolha estratégica de pontos de venda ou de operações comerciais em locais estratégicos

para facilitar o acesso dos clientes aos produtos e serviços. Estar bem-posicionado geograficamente pode contribuir para aumentar o fluxo de clientes e a visibilidade da marca.

- **Excelência com os clientes**: nessa abordagem, a empresa se concentra em oferecer um atendimento excepcional, personalizado e voltado à satisfação plena dos clientes. Busca-se entender suas necessidades e expectativas para superar suas demandas e proporcionar uma experiência única e positiva, contribuindo para a fidelização e o "boca a boca" favorável.
- **Excelência operacional**: essa estratégia visa à otimização dos processos internos da organização para obter maior eficiência, redução de custos e melhoria contínua. Ao operar de modo mais eficiente, a empresa pode oferecer produtos e serviços com maior qualidade e preços competitivos, gerando valor percebido pelo cliente.

Cada uma dessas estratégias apresentadas por Grewal e Levy (2017) tem o objetivo de agregar valor ao cliente e fortalecer a posição competitiva da empresa no mercado. Ao adotar abordagens integradas e bem-sucedidas nessas áreas, as organizações podem se destacar, conquistar a preferência dos consumidores e alcançar um desempenho excepcional.

Muitos desses indicadores podem ser obtidos por meio de dados do sistema de informação de vendas, como quantidade comprada, lealdade à marca e percentual de recorrência de compra. Os CRM são importantes ferramentas para que as informações referentes a reclamações, elogios, críticas e sugestões também sejam armazenadas e sirvam para a análise do grau de satisfação dos consumidores.

Por fim, a percepção da qualidade do produto e a imagem e o posicionamento da marca podem ser levantados por meio de pesquisas feitas com os clientes, com relativa periodicidade, para que as informações desejadas sejam devidamente analisadas.

5.5 Maximização do valor vitalício do cliente

A maximização do valor vitalício do cliente é uma estratégia que requer um comprometimento contínuo e consistente por parte das organizações. Um dos pilares para se alcançar esse objetivo é a cultura organizacional voltada para o cliente.

A maximização do valor vitalício do cliente, também chamada de *customer lifetime value* (CLV), tornou-se uma das principais métricas de sucesso para as organizações que buscam prosperar a longo prazo. O CLV representa o valor financeiro que um cliente traz para a empresa durante todo seu relacionamento com ela, desde o primeiro contato até a última transação.

Compreender e aprimorar o CLV é essencial para as estratégias de marketing, pois uma base sólida de clientes fiéis pode impulsionar o crescimento sustentável e a rentabilidade do negócio. Diferentemente das abordagens tradicionais, em que o foco recaía principalmente na aquisição de novos clientes, a perspectiva atual preconiza que manter clientes existentes é tão valioso quanto, ou até mais, do que adquirir novos (Grewal; Levy, 2017).

As empresas devem adotar uma mentalidade centrada no cliente em todos os níveis, desde a alta gestão até a equipe operacional. Isso significa que todas as decisões devem ser tomadas com base no impacto que terão no consumidor e na experiência que ele terá com a marca.

Outro aspecto importante é a comunicação efetiva com os clientes. As organizações devem estar atentas às necessidades e aos *feedbacks* dos clientes e responder de maneira rápida e eficiente. A transparência e a honestidade são fundamentais para construir a confiança do consumidor e demonstrar o compromisso da empresa em resolver problemas e superar expectativas.

Conexão com os clientes

A criação de programas de retenção de clientes é uma estratégia eficaz para aumentar o valor vitalício do cliente. Esses programas podem incluir descontos, ofertas exclusivas, brindes e outras recompensas que incentivem a fidelidade do cliente. Essas ações não apenas reforçam o relacionamento com o cliente, mas também podem atrair novos clientes por meio de recomendações positivas.

A personalização, por sua vez, desempenha um papel significativo na maximização do valor vitalício do cliente. As empresas devem investir em tecnologias e sistemas que permitam o rastreamento e a análise de dados do consumidor, de modo a entender suas preferências e seus comportamentos de compra. Com base nessa análise, as organizações podem oferecer produtos e serviços personalizados, tornando a experiência do cliente mais relevante e significativa.

Outra estratégia é o atendimento de qualidade ao cliente, que é um importante diferencial competitivo. As empresas devem se esforçar para fornecer um suporte rápido, eficiente e amigável. Os consumidores valorizam a atenção e o cuidado que recebem, e isso pode fazer toda a diferença em sua decisão de continuar comprando e se relacionando com a marca.

Por fim, a inovação contínua é essencial para maximizar o valor vitalício do cliente. As empresas devem estar sempre em busca de novas maneiras de surpreender e encantar os clientes, oferecendo produtos e serviços inovadores que atendam às suas necessidades em constante evolução. A capacidade de se adaptar rapidamente às mudanças do mercado e às demandas dos consumidores é crucial para se manter relevante e competitiva no longo prazo. Ao investir em inovação, as organizações podem surpreender e encantar os clientes com novos produtos, serviços ou melhorias significativas nos existentes. Isso cria uma sensação de novidade e atratividade para os consumidores, que se sentem valorizados e satisfeitos com a constante busca da empresa em oferecer algo melhor.

Além disso, a inovação contínua permite que a empresa se adapte rapidamente às mudanças do mercado e às demandas dos clientes. Em um cenário em que as preferências dos consumidores podem mudar rapidamente, as organizações que não acompanham essas mudanças correm o risco de perder clientes para concorrentes mais inovadores.

Em suma, a maximização do valor vitalício do cliente é uma estratégia complexa que envolve diversos aspectos do negócio. Por meio de uma cultura centrada no cliente, com comunicação efetiva, programas de retenção, personalização, atendimento excepcional e inovação, as empresas podem construir relacionamentos sólidos e duradouros com os clientes, gerando valor com o passar do tempo e alcançando o sucesso sustentável no mercado.

● Síntese

Neste capítulo, demonstramos como os sistemas de inteligência de marketing e os sistemas de informação de vendas, resumidamente, têm como objetivo comum identificar oportunidades por meio do entendimento do comportamento e das expectativas dos consumidores. Os sistemas de informação são combinados com dados dos sistemas internos, que englobam dados de vendas, dos clientes e indicadores de desempenho da empresa. O sistema de inteligência de marketing trata das informações focadas nas decisões de marketing, ao passo que o sistema de pesquisa envolve a coleta e a análise de dados do mercado.

Além disso, demonstramos o quanto o valor percebido pelos clientes e os graus de satisfação subsidiam os sistemas de informação tanto de marketing quanto de vendas, a fim de que as estratégias de marketing atendam da melhor maneira as necessidades e expectativas dos clientes.

Também indicamos algumas tendências para os próximos anos e elucidamos que as tendências são manifestações da própria sociedade que alteram o modo como as pessoas se comportam, compram, consomem e convivem umas com as outras. Por meio da compreensão e da análise dessas mudanças, os profissionais de marketing podem preparar o futuro das empresas, das marcas e dos novos produtos e serviços.

Por fim, abordamos a maximização do valor vitalício do cliente, que é uma estratégia essencial para as empresas que buscam prosperar no mercado atual. Ela vai além da aquisição de novos clientes, priorizando a fidelização e a retenção dos já existentes. Por meio de relacionamentos sólidos, experiências excepcionais, programas de fidelidade, gestão proativa e análise de dados, as organizações podem criar uma base de clientes fiéis, que geram valor no decorrer do tempo e impulsionam o crescimento sustentável do negócio.

Estudo de caso

Todos os anos, a rede de supermercados Pão de Açúcar investe em sistemas de informação de marketing, de vendas e de inteligência de mercado para ter em mãos um minucioso e profundo raio X de cada um dos milhões de consumidores que costumam comprar em suas lojas espalhadas pelo Brasil.

Para tanto, o grupo criou, no ano 2000, o programa de relacionamento Pão de Açúcar Mais, que possibilita acompanhar os hábitos de compra de praticamente todos os clientes cadastrados. O *customer relationship management* (CRM) da empresa é um *software* com capacidade para armazenar até cinco anos do histórico de compras de cada cliente, além de permitir a projeção detalhada do perfil de compra de cada um, com dados sobre os produtos que a pessoa tem o hábito de comprar, os dias da semana e os horários que costuma ir à loja, os endereços das lojas que mais frequenta e seu gasto médio.

Ao coletar essas informações, o Pão de Açúcar consegue estruturar as lojas de maneira mais adequada ao perfil de seus consumidores. Um exemplo desse cruzamento de dados é o do bairro Jardins, em São Paulo, cujos clientes costumam ir às lojas bastante cedo e preferem pratos prontos a produtos *in natura*.

O programa Pão de Açúcar Mais gerou bons resultados: atualmente em versão digital, via aplicativo para celular, já tem mais de 8 milhões de clientes cadastrados e oferece uma série de ofertas customizadas, além de vantagens e benefícios aos seus consumidores. Nesses mais de 20 anos, a empresa observou que a frequência de ida às lojas aumentou 42% e que o *ticket* médio de compras foi ampliado em 29%. Além disso, ações promocionais em parceria com alguns fornecedores conseguiram aumentar as vendas de alguns produtos em 50%.

Com lojas em 13 estados brasileiros, o Pão de Açúcar atende ao segmento *premium* do varejo alimentar, além de compor o GPA, maior grupo varejista alimentar da América Latina. O Pão de Açúcar foi o pioneiro do segmento supermercadista brasileiro a lançar um programa de relacionamento. A marca conta com 185 supermercados, 84 lojas de vizinhança (como a Minuto Pão de Açúcar) e venda *on-line* por meio de seu *site* e de seu aplicativo. No ano de 2020, o Pão de Açúcar foi avaliado pelo *ranking* BrandZ Brasil como a marca mais valiosa do varejo alimentar brasileiro, com um crescimento de 187% em patrimônio da marca.

Fonte: Elaborado com base em GPA, 2020.

Questões para revisão

1. Qual o conceito de *satisfação para o cliente* e por que é importante para os profissionais de marketing?
2. Assinale a afirmação correta sobre as tendências apresentadas no capítulo:
    a. A tecnologia é uma tendência em desaceleração nos últimos anos.
    b. O uso de assistentes virtuais para compras é uma tendência em ascensão.
    c. A personalização de produtos e serviços não é uma tendência relevante para os consumidores atualmente.
    d. O crescente interesse por produtos tecnológicos é uma tendência em queda.
    e. Tendências não são informações relevantes que interessam aos profissionais de marketing.
3. Qual é o objetivo do sistema de inteligência de marketing e quais são as fontes de dados que podem ser utilizadas para subsidiar a tomada de decisão nesse processo?
    a. O objetivo do sistema de inteligência de marketing é captar e analisar dados para subsidiar a tomada de decisão, e as fontes de dados podem incluir revendedores, distribuidores e intermediários, equipe comercial, concorrência, conversas com clientes, dados institucionais e informações *on-line*.
    b. O objetivo do sistema de inteligência de marketing é avaliar os produtos da empresa em relação aos concorrentes, e as fontes de dados podem incluir apenas a equipe comercial e a concorrência.
    c. O objetivo do sistema de inteligência de marketing é fundamentar decisões em achismos e opiniões, e as fontes de dados são apenas as pesquisas de mercado realizadas pela empresa.

d. O objetivo do sistema de inteligência de marketing é gerar dados primários sobre o comportamento dos consumidores, e as fontes de dados incluem apenas as redes sociais e o serviço de atendimento ao consumidor (SAC).
4. Qual das opções a seguir apresenta o principal objetivo dos sistemas de informação de vendas, de acordo com Grewal e Levy (2017)?
   a. Acompanhar os concorrentes da empresa.
   b. Aumentar a complexidade do processo de vendas.
   c. Organizar as informações dos clientes de modo eficiente.
   d. Ignorar o processo de vendas e dar enfoque apenas ao marketing.
   e. Reduzir o relacionamento com os clientes depois de a venda ser realizada.
5. Discuta como o funil de vendas pode ser utilizado em diferentes tipos de negócios e canais de vendas, incluindo ambientes físicos e digitais, para otimizar o processo de vendas e melhorar a eficiência.

Questões para reflexão

1. Confira novamente a Figura 5.4, que apresenta o organograma das empresas orientadas para os clientes. Procure entender como as organizações estão abordando os clientes com base na perspectiva do foco no cliente em contraponto com a abordagem tradicional. Busque exemplos de marcas que migraram da abordagem tradicional para a centrada no cliente e analise as diferenças entre elas.
2. Pense e avalie como a satisfação do cliente pode afetar o desempenho de uma empresa e quais são os indicadores e as ferramentas utilizados para avaliar a satisfação dele.

6 Plano de marketing

Conteúdos do capítulo

- Planejamento em marketing.
- Adaptação ao mercado "glocal".
- *Environmental, Social and Corporate Governance* (ESG).
- Indicadores de marketing.
- Monitoramento.

Após o estudo deste capítulo, você será capaz de:

1. definir uma estratégia de marketing;
2. caracterizar os elementos de um plano de marketing;
3. discutir as tendências relacionadas ao futuro do marketing;
4. indicar os indicadores e as métricas de monitoramento das estratégias de marketing;
5. demonstrar como utilizar o *Environmental, Social and Corporate Governance* (ESG) a favor das estratégias de marketing.

Nos últimos anos, houve uma crescente preocupação com a sustentabilidade em todas as áreas da sociedade. As empresas precisam se adaptar às demandas de um mundo cada vez mais consciente com relação às questões ambientais, sociais e de governança corporativa. Neste capítulo, exploraremos como o marketing pode ser utilizado para abordar essas questões e contribuir para um mundo mais sustentável.

Inicialmente, analisaremos a adaptação ao mercado "glocal", ou seja, a necessidade de as empresas adaptarem suas estratégias de marketing para atender às necessidades locais sem perder de vista as tendências globais. Em seguida, discutiremos o conceito de *Environmental, Social and Corporate Governance* (ESG), que se tornou uma preocupação crescente para investidores e consumidores em todo o mundo.

Em seguida, trataremos da importância dos indicadores de marketing, que permitem que as empresas avaliem o sucesso de suas estratégias de marketing e façam ajustes quando necessário. Por fim, abordaremos o monitoramento, um processo essencial para garantir que as estratégias de marketing estejam alinhadas com as necessidades do mercado e da sociedade como um todo.

6.1
Planejamento em marketing

O plano de marketing é um documento essencial para o sucesso de uma empresa. Ele define como a organização planeja atingir seus objetivos de marketing e identifica as estratégias e ações que devem ser tomadas para alcançá-los.

Estruturar um planejamento reduz as chances de os profissionais de marketing serem surpreendidos pelas transformações do ambiente de mercado e da evolução das empresas concorrentes, o que diminui consideravelmente a probabilidade de que ocorram falhas. Um plano de marketing seriamente elaborado amplia as possibilidades de que os objetivos sejam alcançados.

Vale destacar que, para Honorato (2003, p. 57), "planejamento é o processo de antecipar o futuro determinando um norte para o alcance dos objetivos organizacionais", ou seja, quanto mais bem estruturado for o plano, mais os profissionais de marketing conseguirão antecipar os problemas para transformar as ameaças em novas oportunidades para a empresa.

Um plano de marketing deve incluir uma análise detalhada do mercado, abrangendo a identificação do público-alvo e a análise da concorrência, bem como uma avaliação do ambiente em que a empresa opera. Também deve descrever os objetivos de marketing, identificando as táticas e as ações de marketing necessárias para alcançar esses objetivos.

Para Kotler e Keller (2012), os elementos essenciais de um plano de marketing são:

- Análise de mercado: identificação do público-alvo, análise da concorrência e do ambiente em que a empresa opera, com uma avaliação profunda da situação de mercado e do contexto em que a organização atua. Também pode incluir pesquisas de mercado, análise SWOT (forças, fraquezas, oportunidade e ameaças) e avaliação do que a concorrência vem fazendo, ajudando os profissionais de marketing a identificar as oportunidades de mercado e os desafios que precisam ser superados pela empresa.
- Objetivos de marketing: estabelecimento de metas para as ações de marketing, como aumento de vendas, ampliação da participação de mercado ou da força da marca e geração de *leads* ou expansão da marca para novos mercados, por exemplo. Vale lembrar que esses objetivos devem ser específicos, mensuráveis, relevantes e ter um prazo determinado.
- Público-alvo: identificação dos diferentes segmentos de mercado e determinação de qual deles será o público-alvo mais adequado para a empresa, mediante avaliação de seu comportamento de

consumo e tendências de mudança. É importante identificar as características demográficas, comportamentais e psicográficas do público-alvo, pois isso ajuda as estratégias a se adequarem ao perfil do público. Uma das ferramentas mais comuns usadas na definição do público-alvo é a criação de personas, que são personagens fictícios que representam o público-alvo da empresa. Elas ajudam a entender as necessidades, os desejos e as dores do público e a criar uma mensagem de marketing personalizada. Sugerimos a releitura desse tema no Capítulo 2 desta obra.

- Posicionamento de mercado: definição de como a empresa e seus produtos serão diferenciados dos concorrentes e como a marca quer que sejam percebidos pelo público-alvo. Isso envolve identificar a mensagem que a organização deseja transmitir aos consumidores e como ela deseja ser percebida no mercado. É importante que o posicionamento de mercado seja único e diferenciado dos concorrentes. Um dos instrumentos mais comuns usados na definição do posicionamento de mercado é pensar no que ofertar de valor ao cliente, identificando os benefícios que a empresa oferece aos consumidores e como eles se comparam aos benefícios oferecidos pelos concorrentes. Sugerimos a releitura desse tema nos Capítulos 2 e 4 deste livro.

- Estratégias de marketing: definição da abordagem geral de marketing para atingir os objetivos da empresa, com o detalhamento das estratégias de marketing em relação aos 4 Ps (produto, preço, ponto de venda e promoção). Algumas das estratégias de marketing mais comuns incluem publicidade, relações públicas, marketing de conteúdo, marketing digital, marketing de influência e eventos. É importante escolher as estratégias de marketing com base nas características do público-alvo e no orçamento disponível para a organização. Sugerimos a releitura desse tema no Capítulo 3 desta obra.

- **Táticas de marketing**: desempenham um papel fundamental na implementação das estratégias traçadas para alcançar os objetivos definidos. Ao passo que as estratégias representam o caminho a ser seguido, as táticas são as ações específicas e detalhadas que serão empregadas para executar essas estratégias de maneira eficiente e eficaz. Trata-se das peças-chave de um quebra-cabeça, que, quando bem encaixadas, compõem um quadro completo e coerente. Elas devem ser cuidadosamente planejadas para garantir que cada elemento do *mix* de marketing esteja alinhado com os objetivos.
- **Orçamento de marketing**: definições relativas ao montante de recursos financeiros disponíveis para implementar as estratégias e táticas traçadas. Um orçamento bem elaborado é essencial para garantir que todas as ações planejadas possam ser executadas de maneira adequada e os objetivos do plano sejam alcançados de modo eficiente. A elaboração do orçamento no plano de marketing requer uma análise detalhada das necessidades e dos custos envolvidos em cada tática proposta.
- **Cronograma**: definição do tempo necessário para que cada tática e ação seja efetivamente executada, além do acompanhamento dos progressos do plano, com a definição de responsabilidades, prazos, fornecedores e todos os demais envolvidos no cumprimento das tarefas.
- **Métricas de desempenho**: monitoramento e avaliação contínua dos resultados das ações de marketing para garantir que os objetivos sejam alcançados. É importante monitorar e avaliar o plano de marketing para garantir que seja executado conforme o planejado e atendendo aos objetivos da empresa. Isso pode ser feito por meio de métricas de desempenho como vendas, participação de mercado e reconhecimento de marca.

A Figura 6.1 apresenta um panorama proposto por Grewal e Levy (2017) de como estruturar um plano de marketing desde a fase inicial, com a definição da missão e dos objetivos da empresa, até a fase de controle, com a etapa de métricas de desempenho.

Figura 6.1 – Plano de marketing

Fase de planejamento
- Etapa 1: Missão e objetivos da empresa
- Etapa 2: Análise situacional SWOT

Fase de implementação (Estratégia de *marketing*)
- Etapa 3: Identificação de oportunidades
  - Segmentação | Seleção | Posicionamento
- Etapa 4: Implementação do composto de marketing
  - Produto | Preço | Praça (distribuição) | Promoção (comunicação)

Fase de controle
- Etapa 5: Avaliação de desempenho por meio de métricas de marketing

Fonte: Grewal; Levy, 2017, p. 29.

Dessa forma, um plano de marketing é uma parte determinante do planejamento global de uma empresa e subsidia os profissionais de marketing com táticas detalhadas, relacionadas ao que precisa ser executado. Assim, um plano de marketing assume o roteiro das ações, pois congrega todas as estratégias de marketing.

Vale destacar que, no decorrer do tempo, o plano de marketing pode e deve ser atualizado e revisado, de modo que possam ser incorporadas novas informações que ajudarão a empresa a se adaptar às mudanças do mercado e a manter a vantagem competitiva.

6.2 Adaptação para o mercado glocal

A globalização dos negócios tornou-se uma realidade inegável no mundo moderno. A tecnologia e as comunicações globais forneceram às empresas acesso a um público muito mais amplo, o que exigiu a adaptação de produtos, serviços e estratégias de marketing para se adequar às necessidades e expectativas de consumidores em todo o mundo.

A globalização é uma tendência de interconexão crescente no mundo, ao passo que a localização se refere à adaptação de produtos e serviços para atender às necessidades específicas de um mercado local. Em meio a essas forças aparentemente opostas, surge o termo "glocal", que se refere à combinação de elementos globais e locais para que as empresas possam ter sucesso em mercados globalizados, mantendo-se fiéis às suas raízes locais.

Como dito anteriormente, o mercado glocal é caracterizado pela combinação de elementos globais e locais, o que significa que uma empresa pode oferecer produtos e serviços que são adaptados às necessidades específicas de um mercado local, mas que também têm elementos que são universais e podem atender o mundo todo.

Dessa maneira, os ajustes nos produtos e serviços são fundamentais para a adaptação ao mercado *glocal*. As empresas precisam entender as necessidades e expectativas do público-alvo em diferentes regiões geográficas e adaptar seus produtos e serviços a elas. Isso pode incluir elementos locais em um produto ou serviços globais, bem como o desenvolvimento de produtos e serviços específicos para um mercado local.

Outro fator importante quando a empresa tem foco no mercado glocal é a adaptação das estratégias de marketing para garantir que as ações atendam ao público-alvo em diferentes regiões geográficas. Isso inclui a adaptação de elementos como *slogans*, imagens, *jingles*, cores e outras formas de comunicação visual e textual para as necessidades e expectativas locais.

Quando a Mattel, proprietária da marca da Barbie, optou pela internacionalização da boneca, na década de 1980, foram criadas mais de 40 nacionalidades para a Barbie, com foco nos diferentes países onde a marca iria comercializar seu principal brinquedo. Além da Barbie loira, direcionada aos países de predominância caucasiana, também foram criadas a Barbie negra para países africanos e a Barbie amarela para países da Ásia Oriental (Loba, 2018). Atualmente, a linha da Barbie inclui bonecas com 7 tipos de corpos diferentes, 9 tons de pele, 7 cores de olhos, além de 12 cores de cabelo com 11 penteados diferentes, conforme demonstra a Figura 6.2.

Figura 6.2 – Modelos da boneca Barbie

Barbie Minha Primeira Barbie Boneca Loira com Gatinho

Barbie Minha Primeira Barbie Boneca Cabelo Preto com Raposa

Barbie Extra Boneca Cabelo Rosa/Pop Punk

Fonte: MATTEL SHOP, 2023

Atualmente, o consumo não tem fronteiras, pois, com o advento da internet, os consumidores podem pesquisar e comprar produtos de qualquer lugar do planeta. Dessa maneira, as pessoas estão constantemente buscando alternativas mais econômicas e/ou que atendam a seus interesses da melhor forma. Nessa perspectiva, um fator determinante para uma boa estratégia de marketing glocal é a escolha dos canais de distribuição. As empresas precisam entender as diferenças no ambiente regulatório, nas preferências dos consumidores e nas capacidades logísticas em diferentes regiões geográficas para optar pelos canais de distribuição mais adequados para seus produtos e serviços.

Além disso, a formação de equipes internacionais de marketing é fundamental para o sucesso de uma empresa no mercado glocal. Isso significa ter uma equipe com conhecimento cultural e habilidades de comunicação que possam ajudar a empresa a se adaptar às necessidades do público-alvo em diferentes regiões geográficas, pois as empresas que investem em estratégias de marketing glocais alcançam um maior grau de competitividade.

Importante!

As estratégias de glocalização possibilitam que os profissionais de marketing direcionem suas ações com base tanto em características locais quanto em tendências globais.

Como mencionamos no Capítulo 2, o Mc Donald's é um exemplo de empresa que eleva o grau das estratégias glocais, adaptando seu menu conforme as preferências de seu público em cada país onde atua. É exatamente por trabalhar com uma forte estratégia glocal que a marca oferece alguns sanduíches exclusivos, como o Big Brekkie Burger, vendido na Austrália – que leva, entre outros ingredientes, ovo, *bacon* e *hash brown* – e a Hamburguesa Palta, vendida no Chile – composta de pão artesanal, hambúrguer 100% carne e a tradicional palta.

Em suma, o conceito de *glocal* é uma estratégia que combina a abrangência global com a sensibilidade local. É importante encontrar o equilíbrio entre a padronização eficiente de operações e a personalização para atender às particularidades de diferentes mercados. O glocalismo permite que as empresas alcancem maior relevância e ressonância com seus clientes, adaptando-se às suas necessidades e às preferências específicas de cada região. Essa abordagem torna-se cada vez mais essencial em um mundo globalizado, cujas demandas e expectativas dos consumidores variam significativamente de um lugar para outro. Ao adotar uma mentalidade glocal, as organizações podem conquistar a lealdade e a confiança dos clientes, ao mesmo tempo que expandem sua presença e influência em escala global.

6.3
Environmental, Social and Corporate Governance

Em razão da globalização, da competitividade e das grandes transformações que a digitalização trouxe ao mundo, as empresas têm sido cada vez mais pressionadas a considerar a sustentabilidade em suas atividades de negócios.

Diante dessa realidade, a ESG é uma abordagem que leva em consideração questões ambientais, sociais e de governança em todas as decisões e atividades de negócios.

A sigla ESG representa três palavras em inglês: "*environmental*", que significa ambiente, "*social*" para responsabilidade social e "*governance*", que se traduz como governança. Juntas, essas palavras são usadas para designar uma abordagem mais preocupada com os princípios da marca em relação ao nosso mundo, considerando questões sociais e ambientais. Para as questões ambientais, podemos citar a sustentabilidade, o uso de energias renováveis, o cuidado com os recursos naturais e o descarte correto do lixo. Quanto às questões sociais, estão presentes a inclusão, as causas beneficentes, o apoio à diversidade, a segurança no trabalho e a saúde mental dos funcionários, por exemplo. Em termos de governança, entram os assuntos acerca da transparência da empresa no que diz respeito aos relatórios financeiros, à prestação de contas e à política anticorrupção. (Curvelo, 2023)

Logo, os profissionais de marketing devem estar atentos a como incorporar as abordagens de ESG em seus planos de marketing, avaliando como suas atividades podem ter impactos ambientais e sociais, a fim de buscar formas de minimizá-los, a exemplo do uso de materiais sustentáveis.

O ESG costuma ser um conjunto de ações focadas em uma estratégia de marketing sustentável, ultrapassando os conceitos unicamente direcionados à gestão. Vale ressaltar que uma organização apenas manifestar interesse em assuntos ambientais e questões sociais não surtirá efeito: é preciso efetivamente se envolver em práticas sustentáveis, desenvolver produtos que sejam ambientalmente responsáveis e oferecer qualidade de vida para os funcionários, de modo que ao menos se iniciem os processos ESG, caso contrário, será apenas uma ação publicitária enganosa.

Como dito anteriormente, uma imagem de marca positiva sustenta o posicionamento das empresas, que transmitirão sua postura mercadológica, pois práticas sustentáveis geram uma percepção positiva perante os consumidores, que perceberão que a organização está preocupada em contribuir para um futuro mais responsável.

A Natura é qualificada como uma das empresas mais sustentáveis do Brasil e conta, desde 2007, com o Programa Carbono Neutro, que já compensou 100% dos poluentes derivados da produção. De acordo com a empresa, de 2007 a 2021 a marca já evitou a emissão de 1,28 milhão de toneladas de gás carbônico no meio ambiente (Natura, 2022).

Depois de explorar a crescente relevância das questões de ESG e sua importância na construção de uma reputação sustentável e responsável para as empresas, é importante dar enfoque a outra dimensão fundamental da gestão estratégica: os indicadores de marketing. Na próxima seção, exploraremos os principais indicadores utilizados para medir o desempenho e a eficácia das estratégias de marketing, os quais permitem às organizações uma análise mais precisa dos resultados de suas ações e uma melhor compreensão do comportamento do consumidor em um ambiente cada vez mais dinâmico e competitivo.

Sob essa ótica, vale destacar que os impactos das questões éticas no marketing são profundos e multifacetados, afetando não apenas a percepção do consumidor, mas também a integridade e a sustentabilidade a longo prazo das organizações. Em uma era em que a transparência e a responsabilidade social são altamente valorizadas, práticas de marketing antiéticas podem prejudicar seriamente a reputação de uma marca, levando à perda de confiança dos consumidores e, consequentemente, a uma diminuição significativa na lealdade do cliente. Além disso, a disseminação rápida de informações nas redes sociais e nas plataformas digitais faz com que qualquer falha ética rapidamente se torne de conhecimento público, ampliando os danos à imagem da empresa e potencialmente resultando em consequências legais e financeiras.

Preste atenção!

Adotar práticas de marketing éticas pode oferecer às empresas uma vantagem competitiva substancial. Consumidores modernos estão cada vez mais buscando marcas que não apenas atendam às suas necessidades, mas que também reflitam seus valores pessoais, como sustentabilidade, justiça social e integridade. Marcas que são vistas como éticas beneficiam-se de uma imagem positiva, maior engajamento do consumidor e fidelidade a longo prazo. Isso resulta em um crescimento sustentável, à medida que essas organizações são capazes de construir relacionamentos mais profundos e significativos com seus públicos, baseados na confiança e no respeito mútuos.

Além do impacto direto sobre consumidores e empresas, as questões éticas no marketing também têm implicações mais amplas para a sociedade como um todo. Publicidade enganosa, por exemplo, pode levar a consequências prejudiciais, não apenas enganando os consumidores, mas também promovendo padrões de consumo insustentáveis ou ideais sociais nocivos. Da mesma forma, a exploração de vulnerabilidades ou o uso de estereótipos prejudiciais em campanhas publicitárias pode perpetuar discriminações e injustiças sociais. Assim, a ética no marketing transcende a relação entre empresas e consumidores, abrangendo responsabilidades sociais que as marcas devem considerar em suas estratégias de marketing.

Em resposta a esses desafios, cresce a demanda por padrões éticos mais rigorosos e regulamentações claras no marketing. Isso inclui o desenvolvimento de diretrizes éticas, a promoção de transparência total nas campanhas e a implementação de práticas de responsabilidade social corporativa. Para as marcas, adaptar-se a essas expectativas não é apenas uma questão de cumprimento regulatório, mas uma oportunidade de liderar pelo exemplo, influenciando positivamente a indústria e contribuindo para uma sociedade mais justa e sustentável. Portanto, a ética no marketing é uma área crítica que requer atenção contínua e comprometimento das empresas para garantir não apenas seu sucesso, mas também o bem-estar de seus consumidores e da sociedade em geral.

6.4 Indicadores de marketing

Todo planejamento de marketing praticamente exige que existam indicadores que permitam verificar se os esforços mercadológicos estão sendo bem aplicados na busca de melhores resultados. Os indicadores são essenciais para compreender como as estratégias de marketing estão se desenvolvendo e quais ações necessitam ser concretizadas para melhorar a *performance* e os resultados.

Quanto mais a empresa utiliza recursos, dados, informações dos sistemas de inteligência de marketing e dos sistemas de informação de vendas de maneira integrada, maior será a capacidade de analisar diferentes indicadores, de modo a garantir a satisfação dos clientes.

Para tanto, existem diversas métricas e indicadores que sinalizam quais rumos os profissionais de marketing devem e podem tomar. Primeiramente, vale destacar a diferença entre *métricas* e *indicadores*:

> Métrica é um número, uma medida bruta que serve como fonte para a construção de indicadores. Pode ser representada por quantidade produzida e vendida, montantes envolvidos, número de colaboradores, pesos e medidas, número de inserções nos meios de comunicação, enfim, tudo aquilo que pode ser obtido pela empresa e/ou terceiros por meio de pesquisas. São medidas brutas que podem ser analisadas individualmente, como os dados, pesquisa de campo, entre outros. Indicador é uma série de métricas que são analisadas de forma contextualizada e em conjunto dentro de uma situação específica. Serve para estabelecer referências gerenciáveis que possibilitem ajustes mais racionais dentro das metas preestabelecidas dentro do planejamento estratégico. [...] Como exemplo, a indústria automobilística pode ter a quantidade de automóveis produzidos durante um período, que

deve ser analisada em conjunto com a demanda, oferta da concorrência e contextualizada com aspectos financeiros. (Kuazaqui; Haddad; Marangoni, 2019, p. 158)

Portanto, os indicadores subsidiam a tomada de decisão, colaborando com os ajustes estratégicos a partir das metas e dos objetivos propostos no plano de marketing. Assim, é importante validar a visão de Kaplan e Norton (1997, p. 21), que afirmam que "o que não é medido não é gerenciado", ou seja, sem dados, planejamento, estratégia, métricas e indicadores, é bastante improvável que uma empresa consiga alcançar os resultados esperados.

No contexto dos planejamentos de marketing, as projeções financeiras ocupam um papel central, oferecendo uma visão antecipada do impacto econômico das estratégias de marketing propostas. Essas projeções, fundamentadas em dados históricos e tendências de mercado, ajudam a definir orçamentos, prever receitas e antecipar custos associados às atividades de marketing. Ferramentas como análise de ponto de equilíbrio e retorno sobre investimento, que serão detalhadas a seguir, são essenciais para avaliar a viabilidade financeira de ações de marketing, permitindo aos gestores tomar decisões informadas sobre onde alocar recursos de maneira mais eficaz. As projeções financeiras também facilitam a identificação de oportunidades de otimização de custos e a maximização do impacto das iniciativas de marketing no crescimento da empresa.

A avaliação contínua dessas projeções e das *performances* reais em relação aos indicadores de marketing é fundamental para garantir o alinhamento estratégico e a eficácia das ações de marketing. Os *key performance indicators* (KPIs), ou "indicadores-chave de desempenho", como custo de aquisição de clientes (CAC) e taxa de conversão, são utilizados para monitorar a eficiência e a produtividade das estratégias de marketing. A análise desses indicadores de desempenho permite uma compreensão profunda do retorno sobre os investimentos em marketing, ajudando a identificar quais estratégias geram os melhores resultados e quais necessitam de ajustes ou devem ser descontinuadas. Essa abordagem orientada por dados assegura que as decisões de marketing estejam alinhadas com os objetivos financeiros da empresa e contribuam positivamente para sua lucratividade.

Além disso, os controles implementados nos planejamentos de marketing são essenciais para manter as estratégias dentro do orçamento e assegurar que as metas estabelecidas sejam atingidas. Esses controles envolvem a definição de processos claros de revisão e aprovação de orçamentos, a monitoração regular das despesas e a implementação de sistemas de alerta para desvios significativos. A utilização de *softwares* de gestão de marketing e ferramentas de análise financeira permite uma revisão em tempo real das atividades de marketing, facilitando ajustes rápidos e informados. Essa infraestrutura de controle contribui não só para a otimização dos recursos financeiros disponíveis, mas também promove uma cultura de responsabilidade e transparência dentro da equipe de marketing.

Em síntese, as projeções financeiras, as avaliações e os controles são componentes indispensáveis dos planejamentos de marketing eficazes. Ao integrar esses elementos com indicadores de marketing precisos e confiáveis, as organizações podem prever e influenciar ativamente o sucesso financeiro de suas iniciativas de marketing. Esse ciclo de planejamento, execução, avaliação e ajuste contínuo garante que as estratégias de marketing sejam dinâmicas e adaptáveis, capazes de responder às mudanças do mercado e às necessidades da empresa, maximizando, assim, o retorno sobre o investimento em marketing.

A Figura 6.3 apresenta a gestão por indicadores, em que é preciso: recursos, a fim de desenvolver as estratégias; esforços, que são a capacidade de obter os melhores resultados; e os resultados em si, que são consequência de como os recursos e os esforços foram utilizados. Esses indicadores passam por constante controle e avaliação.

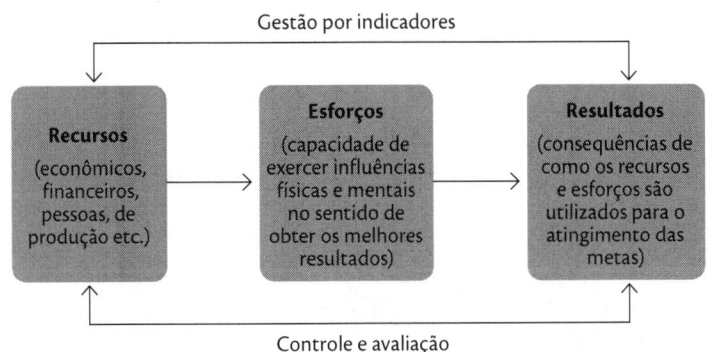

Figura 6.3 – Gestão por indicadores

```
                        Gestão por indicadores
        ┌───────────────────────┼───────────────────────┐
        ▼                       ▼                       ▼
   ┌─────────┐            ┌──────────┐            ┌──────────┐
   │Recursos │            │ Esforços │            │Resultados│
   │(econômi-│    ──▶     │(capacida-│    ──▶     │(consequê-│
   │cos,     │            │de de     │            │ncias de  │
   │financei-│            │exercer   │            │como os   │
   │ros,     │            │influên-  │            │recursos  │
   │pessoas, │            │cias físi-│            │e esforços│
   │de       │            │cas e men-│            │são       │
   │produção │            │tais no   │            │utilizados│
   │etc.)    │            │sentido de│            │para o    │
   │         │            │obter os  │            │atingimen-│
   │         │            │melhores  │            │to das    │
   │         │            │resultados)│           │metas)    │
   └─────────┘            └──────────┘            └──────────┘
        ▲                       ▲                       ▲
        └───────────────────────┴───────────────────────┘
                        Controle e avaliação
```

Fonte: Kuazaqui; Haddad; Marangoni, 2019, p. 159.

Existem diversos indicadores de marketing diferentes que podem ser utilizados para medir os diversos aspectos do desempenho de uma estratégia. Confira a seguir os mais comuns.

Taxa de conversão

A taxa de conversão é um importante indicador de desempenho utilizado no marketing para medir a eficácia de uma estratégia ou de ação específica em relação ao objetivo de conversão estabelecido. Essa métrica refere-se à porcentagem de visitantes de determinado canal, página ou campanha de marketing que realiza uma ação desejada, como efetuar uma compra, preencher um formulário ou se inscrever em uma *newsletter*. A análise da taxa de conversão permite que as empresas avaliem a eficiência de suas iniciativas de marketing, identifiquem oportunidades de melhoria e tomem decisões mais embasadas para aprimorar o desempenho das campanhas. Uma taxa de conversão alta indica que a estratégia adotada está atingindo seu objetivo de maneira efetiva, ao passo que uma taxa baixa pode sinalizar a necessidade de ajustes nas abordagens utilizadas.

Para calcular a taxa de conversão, divide-se o número de conversões obtidas pelo número total de visitantes ou interações e multiplica-se o resultado por 100 para obter a porcentagem. É essencial que as empresas estejam atentas ao monitoramento contínuo da taxa de conversão no decorrer do tempo, considerando variações sazonais e tendências do mercado, a fim de otimizar seus esforços e alcançar melhores resultados em suas estratégias de marketing.

Custo por aquisição (CPA)

Custo por aquisição (CPA) é uma métrica de marketing que representa o valor médio gasto para adquirir um novo cliente ou *lead* por meio de uma campanha ou ação específica. Essa métrica é essencial para avaliar a eficiência das estratégias de marketing e de publicidade e ajuda as empresas a entender o custo real de conquistar novos clientes em relação ao retorno financeiro que essas aquisições podem gerar.

Para calcular o CPA, divide-se o investimento total realizado em uma campanha pelo número de clientes ou *leads* adquiridos durante o período da ação. Por exemplo, se uma organização investiu R$ 1.000,00 em uma campanha de marketing digital e obteve 95 novos clientes como resultado direto dessa ação, o CPA será de R$ 10,52, ou seja R$ 1.000,00 dividido por 95.

Um CPA baixo é geralmente desejável, pois indica que a empresa está adquirindo clientes ou *leads* a um custo eficiente. Por outro lado, um CPA alto pode sinalizar que a estratégia de marketing precisa ser ajustada ou que os esforços de aquisição não estão trazendo o retorno esperado.

Retorno sobre o investimento

Relação entre o valor do investimento em marketing e o valor do lucro gerado. O *return on investment* (ROI), ou "retorno sobre investimento", é uma das métricas mais importantes para se entender se os esforços de marketing estão gerando lucro, pois permite avaliar o desempenho financeiro de um investimento. O cálculo do ROI é feito dividindo-se o lucro líquido do investimento pelo custo do investimento e expressando o resultado como uma porcentagem. A Figura 6.4 apresenta a fórmula do ROI.

Figura 6.4 – Cálculo do ROI

$$ROI = \left(\frac{Receita - Custo}{Custo} \right) \times 100$$

Fonte: Kuazaqui; Haddad; Marangoni, 2019, p. 162

Vale explicar que o lucro líquido é o lucro total obtido pelo investimento, subtraindo-se os custos totais da receita total gerada pelo investimento. Já o custo do investimento é o custo total do investimento, incluindo todos os custos diretos e indiretos envolvidos, como custos de produção e custos de marketing. O resultado do cálculo é uma porcentagem que indica o retorno obtido em relação ao custo do investimento. Se o ROI for positivo, significa que o investimento foi lucrativo; se for negativo, indica que o investimento gerou prejuízo.

Taxa de abertura de ações de comunicação

Taxa de abertura de ações de comunicação é uma métrica utilizada no marketing para medir a efetividade da entrega de mensagens e o grau de engajamento do público-alvo com as campanhas de comunicação. Essa métrica é especialmente relevante em estratégias de *e-mail* marketing, cuja taxa de abertura é calculada com base na proporção de *e-mails* abertos em relação ao número total de *e-mails* enviados.

Para calcular a taxa de abertura, divide-se o número de *e-mails* abertos pelo número total de *e-mails* enviados e, em seguida, multiplica-se o resultado por 100 para obter o valor em porcentagem. Por exemplo: se, em uma campanha de *e-mail* marketing, foram enviados 1.000 *e-mails* e 200 deles foram abertos, a taxa de abertura será de 20%, ou seja, 200 aberturas divididas por 1.000 entregas × 100.

Uma alta taxa de abertura é um indicativo positivo, pois evidencia que a mensagem enviada foi relevante e atraiu a atenção do público-alvo. Por outro lado, uma baixa taxa de abertura pode revelar que a mensagem não está sendo adequada ao público ou que a campanha precisa ser otimizada.

Taxa de cliques

Taxa de cliques, em inglês *click-through rate* (CTR), é uma métrica importante que mede a efetividade de um anúncio ou *link* ao gerar cliques em relação ao número de vezes que foi exibido para o público-alvo. Essa métrica é amplamente utilizada em campanhas de *links* patrocinados, *e-mail* marketing, redes sociais e outras formas de publicidade *on-line*.

Para calcular a taxa de cliques, divide-se o número total de cliques no anúncio pelo número total de visualizações do anúncio e, em seguida, multiplica-se o resultado por 100 para obter o valor em porcentagem. Por exemplo, se um anúncio foi exibido 1.000 vezes e recebeu 60 cliques, a taxa de cliques será de 6%, ou seja, 60 cliques divididos pelas 1.000 impressões × 100.

Uma alta taxa de cliques é geralmente um indicativo positivo, pois demonstra que o anúncio ou *link* está atraindo a atenção e o interesse do público-alvo, o que pode resultar em mais visitantes para o *site*, em mais *leads* e, até mesmo, em mais vendas. Por outro lado, uma baixa taxa de cliques pode indicar que o anúncio não está gerando o engajamento esperado e pode ser necessário ajustar a estratégia para melhorar os resultados.

Taxa de retenção de clientes

A taxa de retenção de clientes mede a capacidade de uma empresa manter seus clientes no decorrer do tempo. Essa métrica indica a proporção de consumidores que permanecem fiéis à organização e continuam a realizar compras ou a utilizar os serviços oferecidos em determinado período com relação ao número total de clientes que a empresa detinha no início desse período.

Para calcular a taxa de retenção de clientes, é necessário definir um período de tempo específico, como um mês ou um ano, e acompanhar o número de clientes ativos no início desse período. Ao final do período, é contabilizado o número de clientes que permaneceram ativos e realizaram novas compras ou transações. A taxa de retenção é calculada dividindo-se o número de clientes retidos pelo número de clientes ativos no início do período e multiplicando-se o resultado por 100 para obter a porcentagem.

Uma alta taxa de retenção de clientes é um indicativo positivo para a empresa, pois demonstra que ela está conseguindo satisfazer as necessidades e expectativas de seus clientes, o que resulta em lealdade e repetição de compras. Clientes satisfeitos tendem a se tornar defensores da marca, recomendando-a a outros consumidores e contribuindo para a aquisição de novos clientes por meio do boca a boca positivo.

Por outro lado, uma baixa taxa de retenção pode indicar problemas no relacionamento com os clientes, como insatisfação com produtos ou serviços, atendimento ao cliente inadequado ou falta de engajamento pós-venda. Nesse caso, é fundamental que a empresa identifique as razões para a baixa retenção e implemente estratégias para melhorar a experiência do cliente e aumentar sua fidelização.

Além desses indicadores, também costumam ser avaliados os KPIs. Para Kotler e Keller (2012), os KPIs podem ser classificados da seguinte maneira:

- **Indicadores estratégicos**: direcionam as estratégias da empresa referentes aos objetivos e permitem uma análise comparativa da situação atual em relação ao que era esperado. Os indicadores estratégicos se referem às principais áreas de uma empresa, como marketing, finanças, recursos humanos e área de produção.

- **Indicadores de qualidade**: permitem a comparação entre o grau de qualidade almejado pela empresa para seus produtos e a real qualidade percebida com base na análise do que está sendo efetivamente entregue ao mercado. As reclamações recebidas via SAC são um bom exemplo de análise de indicadores de qualidade, assim como dados de devoluções ou chamadas para assistência técnica.
- **Indicadores de produtividade**: permitem a checagem do que foi produzido e do tempo dispendido, bem como dos investimentos e da mão de obra gastos para a produção, que, como consequência, levam aos indicadores de lucratividade, que permitem avaliar a margem de lucro dos produtos em relação aos custos de produção e ao mercado como um todo.

Os KPIs são essenciais para a monitorização e a gestão eficaz das operações e das estratégias de marketing. Ao utilizar indicadores estratégicos, de qualidade e de produtividade, as organizações são capazes de realizar uma avaliação abrangente de suas *performances* em áreas críticas. Esses indicadores não apenas guiam as decisões estratégicas alinhadas aos objetivos corporativos, mas também facilitam a identificação de áreas que necessitam de melhorias ou ajustes.

A análise contínua desses KPIs permite que as empresas se adaptem rapidamente às mudanças do mercado e às exigências dos consumidores, mantendo a competitividade e otimizando a eficiência operacional. Portanto, a implementação rigorosa e o monitoramento constante de KPIs são fundamentais para o sucesso sustentável de qualquer organização, ajudando a transformar *insights* em ações estratégicas que promovem crescimento e rentabilidade.

6.5 Monitoramento

O monitoramento de marketing é um processo que envolve a coleta, a análise e a interpretação de dados relevantes sobre as ações de marketing de uma empresa. Trata-se de uma prática fundamental para avaliar o desempenho das estratégias de marketing e identificar oportunidades de melhoria.

O monitoramento pode incluir uma variedade de técnicas e ferramentas, desde análises de métricas de tráfego em *sites* e redes sociais até pesquisas de mercado, análise de concorrência e *feedback* de clientes. Por meio desse processo, uma organização pode acompanhar a eficácia de suas campanhas de publicidade, avaliar a receptividade do público-alvo às suas mensagens de marketing e identificar pontos de melhoria. Além disso, pode ajudar a detectar possíveis problemas ou crises para que se responda rapidamente a essas situações.

O principal objetivo do monitoramento de marketing é melhorar o retorno sobre o investimento em marketing, aumentar a eficácia das campanhas e garantir que a empresa esteja sempre adaptando suas estratégias de marketing para atender às necessidades e preferências dos clientes e do mercado.

Vale referendar que o monitoramento de marketing pode ser feito de diversas maneiras, dependendo dos objetivos da empresa e dos canais de marketing utilizados. De acordo com Kotler e Keller (2012), essas são algumas etapas e técnicas que podem ser utilizadas para realizar o monitoramento de marketing:

- **Definir os objetivos**: antes de começar a monitorar, é importante estabelecer objetivos claros e específicos. Por exemplo, pode-se querer avaliar a eficácia de uma campanha publicitária, monitorar a reputação da marca nas redes sociais ou identificar oportunidades de crescimento em um novo mercado.

- **Identificar as métricas de monitoramento**: as métricas são as informações que serão coletadas e analisadas para avaliar o desempenho de uma campanha de marketing. Essas métricas podem incluir taxas de conversão, tráfego do *site* e engajamento nas redes sociais.
- **Selecionar as ferramentas de monitoramento**: existem várias ferramentas disponíveis para monitorar o desempenho de uma campanha de marketing, como o Google Analytics para o tráfego do *site* e o Hootsuite para gerenciamento de redes sociais. É importante selecionar as ferramentas que melhor atendem às necessidades de análise do marketing: pesquisa de mercado, monitoramento dos concorrentes, contatos via serviços de atendimento ao consumidor etc.
- **Coletar e analisar dados**: com as ferramentas de monitoramento em funcionamento, é preciso coletar e analisar os dados. Isso envolve observar as métricas selecionadas e interpretá-las para avaliar o desempenho da campanha de marketing.
- **Definir ações corretivas**: com base nos resultados do monitoramento, pode ser preciso definir ações corretivas, como ajustar a estratégia de marketing e fazer alterações no *site* ou nas redes sociais.

Em resumo, o monitoramento de marketing é um processo contínuo e deve ser realizado regularmente para garantir que a empresa esteja sempre adaptando suas estratégias de marketing às necessidades e preferências do mercado.

Síntese

Neste capítulo, abordamos diversos temas relacionados ao marketing, começando pelo plano de marketing. Nesse sentido, explicamos que trata-se de uma estratégia para alcançar objetivos de negócios por meio de atividades de marketing bem definidas. O plano de marketing deve ser adaptado às necessidades do mercado local e global, considerando-se as diferenças culturais e econômicas.

Em seguida, salientamos a importância da incorporação de práticas de governança ambiental, social e corporativa nas atividades de marketing. Essas práticas ajudam as empresas a se tornar mais responsáveis socialmente e a promover um impacto positivo na sociedade e no meio ambiente.

Também tratamos da utilização de indicadores de marketing para avaliar o desempenho das atividades de marketing. Esses indicadores podem incluir métricas, como tráfego de *site*, taxas de conversão e engajamento nas redes sociais, mas deve-se selecionar aqueles que melhor atendam às necessidades e aos objetivos da empresa.

Por fim, demonstramos a importância do monitoramento contínuo das atividades de marketing, que envolve a coleta e a análise de dados para avaliar a eficácia das campanhas de marketing e identificar oportunidades de melhoria. O monitoramento contínuo ajuda as organizações a se manter atualizadas sobre as tendências do mercado e a tomar decisões informadas para melhorar o desempenho de suas atividades de marketing.

Estudo de caso

A Melissa é uma marca brasileira de calçados da Grendene que ganhou reconhecimento internacional a partir do lançamento da icônica Melissa Aranha, em 1979. A marca começou a exportar suas sandálias em 1983, criando modelos em parceria com estilistas renomados como Jean-Paul Gaultier e Elisabeth De Senneville.

Apenas em 2004, a Melissa passou a se posicionar como uma marca de moda internacional, e não apenas de sandálias de plástico, ampliando suas vendas em cidades influentes da moda, como Tóquio, Londres, Paris, Milão e Nova York, por meio de parcerias com estilistas, eventos e personalidades do mundo da moda. A escolha dos pontos de venda também foi uma parte importante da estratégia de marketing glocal, inicialmente focada em locais valorizados da cidade e, posteriormente, ampliada para outros canais.

Atualmente, a Melissa está presente em mais de 80 países, em todos os continentes, com mais de 140 lojas no exterior e 330 no Brasil. A marca conta também com as "galerias", que são lojas conceitos que apresentam ambientes de pura experiência, localizadas em São Paulo, Nova York e Londres, e mais de 4 mil pontos de venda no mercado externo.

Com a estratégia de internacionalização, a Melissa também ampliou a percepção de valor sobre a marca. No mercado externo, a marca se voltou para um público de maior poder aquisitivo e para mulheres mais maduras, ao passo que, no Brasil, manteve-se conectada a um público mais jovem.

Fonte: Elaborado com base em Grendene, 2024.

Questões para revisão

1. Qual é o objetivo principal de um plano de marketing?
   a. Identificar as necessidades dos clientes.
   b. Definir as estratégias de marketing.
   c. Gerenciar as redes sociais da empresa.
   d. Analisar a concorrência.
   e. Avaliar o mercado.

2. Quais são as principais etapas de um plano de marketing?
   a. Pesquisa de mercado, definição de objetivos, segmentação de mercado, desenvolvimento de estratégias e ações, implementação e controle.
   b. Desenvolvimento de produtos, precificação, distribuição e promoção.
   c. Análise SWOT, planejamento de mídia, definição de metas e objetivos, implementação de ações e controle.
   d. Planejamento de mídia, definição de objetivos, implementação e controle e desenvolvimento de produtos.
   e. Todas as alternativas anteriores.

3. Qual é a principal finalidade dos indicadores de marketing?
   a. Medir a efetividade das ações de marketing.
   b. Desenvolver produtos e serviços de acordo com as necessidades dos clientes.
   c. Realizar pesquisas de mercado para identificar oportunidades de negócio.
   d. Gerenciar as redes sociais da empresa.
   e. Avaliar o desempenho financeiro da empresa.

4. Qual a correta definição de *mercado glocal*?

5. Explique como diferentes tipos de indicadores-chave de desempenho (KPIs), como os estratégicos, os de qualidade e os de produtividade, contribuem especificamente para o sucesso organizacional, apresentando exemplos para ilustrar seus pontos.

Questões para reflexão

1. Avalie como a abordagem *Environmental, Social and Corporate Governance* (ESG) pode ser aplicada ao desenvolvimento de uma estratégia de marketing e quais benefícios isso pode trazer para uma empresa.

2. Com base nos conceitos abordados no capítulo, disserte sobre a importância de um plano de marketing. Analise como a ausência de um plano pode prejudicar a gestão de uma marca e impactar os resultados financeiros da empresa no curto e no longo prazo.

Considerações finais

Ao concluirmos esta jornada pelo vasto e dinâmico mundo do marketing, refletimos sobre como essa área essencial evoluiu no decorrer do tempo e se adaptou às mudanças contínuas no comportamento do consumidor e no ambiente de mercado. Desde a compreensão básica das necessidades, dos desejos e das demandas dos clientes até a complexa gestão das relações e a valorização do cliente em contextos glocalizados, o marketing revela-se como um campo de estudo indispensável para qualquer negócio que busca não apenas sobreviver, mas prosperar em um mercado competitivo.

Neste livro, abordamos desde os fundamentos históricos do marketing até as estratégias contemporâneas que moldam o modo como as empresas se conectam com seus consumidores. Discutimos a importância da segmentação de mercado, do posicionamento e do desenvolvimento de um composto de marketing eficaz para criar e entregar valor de maneira que satisfaça e supere as expectativas dos consumidores. Enfatizamos a necessidade de uma abordagem integrada que combine pesquisa, análise de dados e um profundo entendimento do comportamento do consumidor para informar as decisões de marketing.

Mediante a exploração de diversos tipos de orientações de marketing – desde a produção até as vendas e a logística –, esclarecemos que a eficácia dessa área não se limita a campanhas promocionais, entrelaçando-se profundamente com todas as operações de uma empresa. A era digital, com suas ferramentas avançadas e seus sistemas de informação de marketing, oferece oportunidades sem precedentes para personalizar a experiência do cliente e fortalecer os relacionamentos de maneira que sejam mutuamente benéficos.

Nesse contexto, o plano de marketing surge como uma ferramenta crucial, não somente como um documento estático, mas como um processo contínuo de adaptação e resposta ao ambiente de mercado em constante mudança. Conforme salientamos, a sustentabilidade e a responsabilidade social, atualmente, são tão importantes quanto os indicadores financeiros, o que revela uma mudança no modo como as empresas percebem seu papel na sociedade.

Assim, reforçamos que o marketing é um campo vibrante e em constante evolução, que requer um compromisso contínuo com a aprendizagem e a adaptação. Para profissionais de marketing e empresários, o desafio é não apenas entender a teoria, mas também aplicá-la de maneira que seja ética, responsável e eficaz.

Nossa esperança é que esta obra sirva como um guia para aqueles que buscam navegar pelo complexo e excitante mundo do marketing, equipando-os com o conhecimento e as ferramentas necessárias para alcançar o sucesso duradouro e significativo.

Lista de siglas

Abep – Associação Brasileira de Empresas de Pesquisa

AMA – American Marketing Association

B2B – *Business-to-business* (empresa para empresa)

B2C – *Business-to-consumer* (empresa para consumidor)

BI – *Business intelligence* (sistema de inteligência de marketing)

CAC – Custo de aquisição de clientes

CCEB – Critério de Classificação Econômico Brasileiro

CLV – *Customer lifetime value*

CPA – Custo por aquisição

CRM – *Customer relationship management* (gestão do relacionamento com o cliente)

CTR – *Click-through rate* (taxa de cliques)

DOC – Denominação de origem controlada

ESG – *Environmental, Social and Corporate Governance*

GM – General Motors

IA – Inteligência artificial

IBGE – Instituto Brasileiro de Geografia e Estatística

KPIs – *Key performance indicators* (indicadores-chave de desempenho)

LGBTQIA+ – Lésbicas, gays, bissexuais, transgêneros, *queers*, intersexuais, assexuais, entre outros

Pnad – Pesquisa Nacional por Amostra de Domicílios

RA – Realidade aumentada

ROI – *Return on investment* (retorno sobre o investimento)

SAC – Serviço de atendimento ao consumidor

SAM – *Service available market* (mercado endereçável ou mercado disponível)

SEA – *Search engine advertising*

SEO – *Search engine optimization*

SIM – Sistema de informação de marketing

SOM – *Service obtainable market* (mercado acessível)

TAM – *Total available market* (mercado-alvo)

VALS – *Values and lifestyle survey*

WGSN – Worth Global Style Network

Referências

ABEP – Associação Brasileira de Empresas de Pesquisa. Critério de classificação econômica Brasil. 2022. Disponível em: <https://www.abep.org/criterio-brasil>. Acesso em: 10 nov. 2024.

ACCOR. All our Brands. Disponível em: <https://group.accor.com/en/brands>. Acesso em: 10 nov. 2024.

AMA – American Marketing Association. Marketing Concept. Chicago, 2022. Disponível em: <https://www.ama.org/toolkits/marketing-strategy-playbook/>. Acesso em: 17 nov. 2024.

BLECHER, N. Muito além do hambúrguer. Exame, São Paulo, n. 22, p. 31, abr. 2001.

CARREFOUR. Produtos Carrefour. Disponível em: <https://www.carrefour.com.br/>. Acesso em: 24 jan. 2023.

COBRA, M. Administração de marketing no Brasil. 2. ed. São Paulo: Cobra Editora e Marketing, 2005.

COBRA, M. Administração de marketing no Brasil. 3. ed. Rio de Janeiro: Elsevier, 2009.

CURVELO, R. Entenda o impacto das práticas ESG no marketing da sua empresa. 12 maio 2023. Disponível em: <https://br.hubspot.com/blog/marketing/esg-marketing>. Acesso em: 10 nov. 2024.

DATA.AI. Coca-Cola Relies on App Annie to Help Amaze & Delight Its Customers. Disponível em: <https://www.data.ai/en/insights/customer-stories/the-coca-cola-company/>. Acesso em: 10 nov. 2024.

DIAS, S. Marketing: estratégia e valor. São Paulo: Saraiva, 2012.

EXAME. Seara ou Sadia? A volta de uma campanha ousada. 26 jan. 2016. Disponível em: <https://exame.com/marketing/seara-ou-sadia-a-volta-de-uma-campanha-ousada/>. Acesso em: 10 nov. 2024.

FALCÃO, R. O marketing no Brasil: sua história e evolução. 374 f. Dissertação (Mestrado em Ciências) – Universidade de São Paulo, São Paulo, 2014. Disponível em <https://www.teses.usp.br/teses/disponiveis/12/12139/tde-25112014-190701/publico/RobertoFloresFalcaoVC.pdf>. Acesso em: 10 nov. 2024.

FILLETI, M. Jeito fácil e rápido de medir o potencial do mercado: TAM, SAM e SOM! 7 fev. 2023. Disponível em: <https://medium.com/@marianafilleti/jeito-f%C3%A1cil-e-r%C3%A1pido-de-merdir-o-potencial-do-mercado-tam-sam-e-som-4961f741fe87>. Acesso em: 10 nov. 2024.

FREUD, S. Más allá del principio de placer. Buenos Aires: Amorrortu, 1920. (Obras Completas, v. 18).

GPA – Grupo Pão de Açúcar. Pão de Açúcar Mais completa 20 anos com ativações que valorizam a proximidade com os clientes. 21 set. 2020. Disponível em: <https://www.gpabr.com/pt/noticias-releases/marketing/pao-de-acucar-mais-completa-20-anos-com-ativacoes-que-valorizam-a-proximidade-com-os-clientes/>. Acesso em: 10 nov. 2024.

GRENDENE. Melissa. Disponível em: <https://grendene.com.br/marcas/melissa/>. Acesso em: 10 nov. 2024.

GREWAL, D.; LEVY, M. Marketing. 4. ed. São Paulo: AMGH, 2017.

GRUPO MUFFATO. Grupo Muffato inaugura mercado 100% autônomo em Curitiba. Disponível em: <https://www.supermuffato.com.br/institucional/pt-br/grupo-muffato>. Acesso em: 13 fev. 2023.

HAVAIANAS. Original do Brasil desde 1962. Disponível em: <https://havaianas.com.br/historia-da-marca.html>. Acesso em: 10 nov. 2024.

HONORATO, G. Conhecendo o marketing. Barueri: Manole, 2003.

IBGE – Instituto Brasileiro de Geografia e Estatística. Conheça o Brasil: quantidade de homens e mulheres. 2022. Disponível em: <https://educa.ibge.gov.br/jovens/conheca-o-brasil/populacao/18320-quantidade-de-homens-e-mulheres.html#:~:text=Segundo%20dados%20da%20PNAD%20Cont%C3%ADnu,51%2C1%25%20de%20mulheres>. Acesso em: 10 nov. 2024.

KANTAR. Coca-Cola é a marca mais escolhida no mundo pelo 10º ano consecutivo. 20 dez. 2022. Disponível em: <https://www.kantar.com/brazil/inspiration/consumo/2022-marcas-mais-escolhidas-mundo>. Acesso em: 10 nov. 2024.

KAPLAN, R.; NORTON, D. A estratégia em ação: balanced scorecard. 4. ed. Rio de Janeiro: Campus, 1997.

KOTLER, P.; KARTAJAYA, H.; SETIAWAN, I. Marketing 5.0. Tradução de André Fontenelle. Rio de Janeiro: Sextante, 2020.

KOTLER, P.; KELLER, K. Administração de marketing. Tradução de Sônia Midori Yamamoto. 14. ed. São Paulo: Pearson Education do Brasil, 2012.

KUAZAQUI, E.; HADDAD, H.; MARANGONI, M. Gestão de marketing 4.0: casos, modelos e ferramentas. São Paulo: Atlas, 2019.

LACAN, J. O seminário. Tradução de Marie Christine Laznik Penot e Antonio Luiz Quinet de Andrade. 2. ed. Rio de Janeiro: J. Zahar, 1985. Livro 2: O eu na teoria de Freud e na técnica da psicanálise.

LEGO. Lego Brinquedos. Disponível em: <https://www.lego.com/pt-br/product/bakey-with-cakey-fun-10785>. Acesso em: 9 dez. 2022.

LAS CASAS, A. L. Administração de marketing. 2. ed. São Paulo: Atlas, 2019.

LOBA. Marketing glocal. 18 jul. 2018. Disponível em: <https://www.loba.com/blog/knol/marketing-glocal>. Acesso em: 10 nov. 2024.

MARCA MAIS. Baby Dove recria foto para celebrar a beleza da maternidade real. 9 maio 2022. Disponível em: <https://marcasmais.com.br/minforma/noticias/comunicacao/baby-dove-recria-foto-para-celebrar-a-beleza-da-maternidade-real/. Acesso em: 10 nov. 2024.

MCCARTHY, E. J. Basic Marketing: a Manageriai Approach. 6. ed. Homewood: Richard D. Irwin, 1978.

MARCA MAIS. Baby Dove recria foto para celebrar a beleza da maternidade real. 9 maio 2022. Disponível em: <https://marcasmais.com.br/minforma/noticias/comunicacao/baby-dove-recria-foto-para-celebrar-a-beleza-da-maternidade-real/. Acesso em: 10 nov. 2024.

MEDEIROS, M. A. Tipos de clientes: conheça os 12 principais e como tratá-los. Ecommerce na Prática, 2 fev. 2024. Disponível em: <https://ecommercenapratica.com/blog/tipos-de-clientes/>. Acesso em: 10 nov. 2024.

MELO, V. 10 tendências de mercado para 2023. Disponível em: <https://www.geofusion.com.br/blog/tendencias-de-mercado/>. Acesso em: 13 fev. 2023.

MENDES, S. (Ed.). O outro lado da máscara: como ser relevante na comunicação e no marketing em um mundo pós-pandemia. Curitiba: Graciosa, 2021.

NATURA. Programa Carbono Neutro. 2022. Disponível em: <https://static.rede.natura.net/html/2022/natura-programa-carbono-neutro/natura_co2_2022_pt-br.pdf>. Acesso em: 10 nov. 2024.

NEUMEIER, M. The Brand Gap: o abismo da marca. São Paulo: Bookman, 2008.

NIKE. Nike Seoul. Disponível em: <https://www.nike.com/retail/s/nike-seoul>. Acesso em: 10 nov. 2024.

OLIVEIRA, F. R de. O que é satisfação do cliente e como você pode medir isso na sua empresa? 11 dez. 2019. Disponível em: <https://conteudo.movidesk.com/o-que-e-satisfacao-do-cliente/#vantagens-de-ter-um-cliente-satisfeito>. Acesso em: 10 nov. 2024.

PWC. O futuro da experiência do cliente 2017/2018. São Paulo, 2018.

READE, D.; MOLA, J.; INACIO, S. Marketing estratégico. São Paulo: Saraiva, 2015.

RESULTADOS DIGITAIS. Funil de vendas: o que é, para que serve, como montar um e quais insights ele oferece. 26 jan. 2024. Disponível em: <https://resultadosdigitais.com.br/vendas/o-que-funil-de-vendas/>. Acesso em: 10 nov. 2024.

RIES, A.; TROUT, J. Posicionamento: a batalha pela sua mente. São Paulo: M. Books, 2009a.

RIES, A.; TROUT, J. The 22 Immutable Laws of Marketing: Exposed and Explained by the World's Two. Boston: HarperCollins, 2009b.

ROGERS, E. Diffusion of Innovations. 5. ed. New York: Free Press, 2003.

SCHULTZ, D.; TANNENBAUM, S.; LAUTERBORN, R. O novo paradigma do marketing: como obter resultados mensuráveis através do uso do database e das comunicações integradas do marketing. São Paulo: M. Books, 1994.

SPOTIFY. Escolha um Plano. Disponível em: <https://www.spotify.com/br/premium>. Acesso em: 19 jan. 2023.

STRATEGIC BUSINESS INSIGHTS. The US VALS Survey. Disponível em: <http://www.strategicbusinessinsights.com/vals/presurvey.shtml>. Acesso em: 9 dez. 2022.

TYBOUT, A.; CALDER, B. Marketing (Kellogg). São Paulo: Saraiva Uni, 2013.

UNILEVER. História Unilever Brasil. Disponível em: <https://www.unilever.com.br/our-company/historia-unilever-brasil/>. Acesso em: 10 nov. 2024.

WGSN – Worth Global Style Network. Principais tendências para 2023 – e além. Disponível em: < https://lp.wgsn.com/download-top-trends-2023-and-beyond-pt.html?utm_campaign=top-trends-2023&utm_medium=website&utm_source=blog&utm_content=download&utm_term=toptrends>. Acesso em: 10 nov. 2024.

experiências memoráveis e relevantes, gerando maior satisfação e lealdade. A coleta e a análise de dados são ferramentas essenciais nesse processo, pois permitem o conhecimento detalhado do público-alvo e a entrega de experiências personalizadas em cada ponto de contato com a marca.

Capítulo 2

Questões para revisão

1. a
2. (1) Reconhecimento do problema; (2) busca de informações; (3) avaliação de alternativas; (4) decisão de compra; e (5) comportamento pós-compra.
3. b
4. e
5. Para os gestores de marketing, é fundamental identificar e destacar aquelas características dos produtos ou serviços que são percebidas como superiores aos concorrentes para estabelecer uma vantagem competitiva sustentável. Essas características podem variar desde qualidade e inovação até o *design* e a experiência do usuário. O gestor precisa entender quais aspectos do produto ou serviço são mais valorizados pelo seu público-alvo e, então, reforçar esses aspectos por meio de estratégias de marketing e comunicação eficazes. Em outras palavras, a diferenciação efetiva não se trata apenas de ser diferente, mas de ser percebido como melhor em aspectos que são importantes para os consumidores. Portanto, para que uma empresa se destaque em um mercado competitivo, é essencial que o gestor mercadológico priorize a diferenciação estratégica, dando enfoque à criação e à comunicação de características únicas que definem a marca e seus produtos, de modo a garantir uma posição privilegiada na mente do consumidor.

Respostas

Capítulo 1

Questões para revisão

1. e
2. b
3. Atualmente, o cliente é o foco mais importante, e as empresas precisam atender a suas necessidades e a seus desejos. Para isso, devem fazer pesquisas para entender as variáveis que podem afetar seus negócios, a fim de tentar reduzir as ameaças causadas pelas adversidades do mercado.
4. c
5. Em um mercado altamente competitivo, colocar o cliente no centro da experiência se tornou uma estratégia fundamental para as empresas que buscam se destacar e construir relacionamentos duradouros com seus clientes. Isso significa entender a jornada do cliente, suas necessidades, suas preferências e seus desejos, bem como oferecer soluções personalizadas que atendam a essas demandas específicas. Quando o cliente se torna o foco da estratégia de marketing, as organizações podem proporcionar

Capítulo 3

Questões para revisão

1. c
2. Para gerenciar o preço de maneira eficaz, é necessário considerar diversos fatores, como o valor percebido pelo cliente, a elasticidade da demanda, os custos envolvidos na produção e distribuição do produto e a análise da concorrência. Um ajuste de preço pode influenciar diretamente o comportamento do consumidor, impactando suas decisões de compra. Por isso, é importante equilibrar a competitividade no mercado com a sustentabilidade financeira da empresa. Além disso, a diferenciação do produto, a construção de marca e a oferta de valor agregado também podem contribuir para minimizar a vulnerabilidade do preço como fator decisivo para os clientes. Desse modo, a gestão estratégica do preço é fundamental para garantir uma posição sólida no mercado e atender às expectativas dos consumidores, evitando ações de imitação por parte dos concorrentes.
3. b
4. Significa determinar os preços que sustentam o conceito de *valor* – por exemplo, R$ 49,90 ou R$ 99,99.
5. b

Capítulo 4

Questões para revisão

1. b
2. c
3. b
4. O *branding* eficaz desempenha um papel crucial no fortalecimento da marca ao criar uma conexão emocional e duradoura com os consumidores, o que é essencial em um mercado

competitivo. Primeiramente, ao ampliar a credibilidade, o *branding* fortalece a confiança dos consumidores na marca. Por exemplo, marcas bem estabelecidas como a Gillette e a Maizena são vistas como sinônimos de qualidade em suas respectivas categorias, o que reforça a percepção de confiabilidade e qualidade dessas empresas. Além disso, uma forte estratégia de *branding* aumenta a força da marca no mercado. A percepção positiva que os consumidores têm de uma marca pode levá-la a uma posição dominante, como nos casos do Cotonete e da Gillette, cujos nomes das marcas se tornaram genéricos para os produtos que representam. Isso não apenas melhora a posição competitiva da marca como também aumenta sua relevância e presença no mercado.

5. O *customer relationship management* (CRM) é uma ferramenta essencial que permite às empresas gerenciar e aprimorar suas interações com os clientes de maneira estratégica e personalizada. Utilizando o CRM, as organizações podem coletar, armazenar e analisar uma vasta quantidade de dados sobre seus clientes, o que proporciona uma compreensão aprofundada das preferências, das necessidades e dos comportamentos de compra de cada indivíduo. Um dos principais benefícios do CRM é a capacidade de personalizar a comunicação e as ofertas para os consumidores. Com as informações coletadas, as organizações podem segmentar seus clientes com base em diversos critérios, como comportamento de compra e preferências pessoais, permitindo a criação de ofertas e promoções que são verdadeiramente relevantes e atraentes para cada segmento. Essa personalização não só aumenta a eficácia das campanhas de marketing, mas também eleva a satisfação do consumidor, que recebe um conteúdo que respeita seus interesses e suas necessidades específicas.

Capítulo 5

Questões para revisão

1. O conceito de *satisfação do cliente* apresentado no capítulo refere-se ao sentimento de alegria ou de desapontamento que resulta da comparação entre as expectativas do consumidor antes da compra e o desempenho do produto após seu consumo. É importante para os profissionais de marketing monitorar e melhorar a satisfação do cliente porque um consumidor satisfeito tem grandes chances de se tornar um cliente fiel, recomendar a empresa e seus produtos para amigos, ser menos sensível ao preço e dar menos atenção à concorrência. Além disso, a satisfação do cliente pode ser avaliada por meio de indicadores como quantidade comprada, grau de lealdade à marca, taxas de recompra, qualidade percebida, imagem e posicionamento da marca e número de reclamações.
2. b
3. a
4. c
5. O funil de vendas é uma ferramenta versátil que se aplica a uma ampla gama de contextos de negócios, desde ambientes digitais, como *e-commerce*, até canais tradicionais, como lojas físicas e telemarketing. Trata-se de uma ferramenta estratégica que permite às empresas o mapeamento do processo de compra do cliente, desde o primeiro contato até a conclusão da venda, independentemente do tipo de negócio (B2B ou B2C) ou do canal utilizado. Por exemplo, em um ambiente B2C digital, o funil pode ajudar a entender quais anúncios ou páginas geram mais engajamento e conversões, ao passo que, em um ambiente B2B físico, pode ajudar a identificar quais interações pessoais ou eventos levam a fechamentos de vendas efetivos.

Capítulo 6

Questões para revisão

1. b
2. a
3. a
4. *Mercado glocal* é um mercado global que se adapta às necessidades e particularidades dos mercados locais.
5. Os indicadores-chave de desempenho (KPIs) estratégicos, por exemplo, são essenciais para direcionar as estratégias da empresa. Eles oferecem uma visão de alto nível sobre o desempenho em relação aos objetivos de longo prazo e são cruciais para avaliar o progresso em áreas-chave como marketing, finanças e produção. Por exemplo, um KPI estratégico pode incluir o crescimento da receita ano a ano, que ajuda a determinar se as estratégias de expansão do mercado estão funcionando conforme o planejado. Os KPIs de qualidade, por outro lado, centram-se na comparação entre a qualidade desejada dos produtos ou serviços e a qualidade que é percebida pelos clientes. Esse tipo de indicador é vital para manter os padrões de qualidade e garantir a satisfação do cliente. Indicadores como taxa de retorno de produtos ou volume de reclamações recebidas são utilizados para medir a qualidade. Uma alta taxa de retorno pode indicar problemas no processo de fabricação ou na expectativa do cliente, que precisam ser rapidamente identificados e corrigidos. Por fim, os KPIs de produtividade medem a eficiência com que os recursos são utilizados para produzir o resultado final. Indicadores como o custo de produção por unidade e a produtividade da mão de obra ajudam a determinar se a empresa está aplicando seus recursos de maneira eficaz. Por exemplo, uma diminuição na produtividade da mão de obra pode sinalizar a necessidade de treinamento adicional ou melhorias no processo de produção.

Sobre os autores

Joaquin Fernandez Presas é doutorando em Administração e Marketing pela Universidad de la Empresa (UDE), localizada em Montevidéu (Uruguai), mestre em Comunicação e Linguagens pela Universidade Tuiuti do Paraná (UTP), especialista em Marketing pela FAE Centro Universitário e graduado em Desenho Industrial pela Pontifícia Universidade Católica do Paraná (PUCPR).

No campo acadêmico, atuou como docente por mais de 23 anos, sendo professor adjunto em instituições como o Centro Universitário Autônomo do Brasil (UniBrasil) e a UTP. Atualmente, ministra apenas aulas para cursos de pós-graduação nas áreas de *design* e publicidade, especialmente com os seguintes temas: direção de arte e projeto gráfico, criação publicitária, marketing e todas as frentes do marketing digital.

Por cinco anos, foi sócio e *Chief Marketing Officer* da marca americana Cold Stone Creamery. No segundo semestre de 2019, vendeu a empresa e, atualmente, é investidor-anjo em *startups* com foco em Adtechs. Além disso, atua como sócio-diretor da Pontodesign – Agência de Design e Comunicação.

Em 2008, a Pontodesign foi eleita a melhor agência de *design* gráfico do Brasil e, em 2012, Joaquin foi eleito o melhor profissional de *design* gráfico do Brasil no Colunistas Nacional.

Patricia Piana Presas é doutora em Administração pela Universidad de la Empresa (UDE), localizada em Montevidéu (Uruguai), mestra em Comunicação e Linguagens pela Universidade Tuiuti do Paraná (UTP), especialista em Marketing pela FAE Centro Universitário e graduada em Administração e Economia pela mesma instituição.

Atualmente, é professora da FAE Centro Universitário nos cursos de graduação e pós-graduação de Comunicação e Marketing. Também atua como coordenadora nos cursos de pós-graduação da área de marketing da FAE Business School. Além do campo acadêmico, atua como diretora de planejamento na Pontodesign – Agência de Design e Comunicação.

Impressão:
Novembro/2024